阿格力教你這樣存股就對了！

阿格力◎著

目錄

$/Chapter 3 釐清 5 大疑問

目錄

存股投資是一門生意

　　從我碩士班每個月省下錢定期定額存中華電（2412）開始，今年已經是執行存股的第 10 年，這段時間見證了不同產業與公司的興衰，同時，我也經歷了散戶們都會有的存股迷思、擔憂，以及過度樂觀。

　　例如中華電原本還在規畫存 20 年，然後幾年後會零成本、會產生多少現金流……。但存股過程中遇到國家通訊傳播委員會（NCC）要求中華電調降網路互連費、有線電視的網路瓜分市占，以及後來眾多電信業者的 4G 殺價競爭等，中華電的獲利能力開始不如以往。

　　中華電讓我學到的是，存股投資的不是股票，而是一門「生意」。很多人天真以為存股就是拉長時間就能享受「複利」，但其實公司每年面對的產業競爭卻是水深火熱，因此存股過程中會遇到相當多企業獲利起伏的波

折，唯有選對生意與搞懂營運模式，才能存到長期績優的企業，以及在公司低潮時還敢勇於加碼，逆勢投資。

看懂生意模式便能增加存股的效益，像國人瘋存台積電（2330）之際，我選擇的是台積電的矽晶圓與光阻液供應商崇越（5434）。因為崇越是代理商，不需要過多資本支出卻能享受台積電擴廠帶來的訂單成長，這種商業模式造就崇越不僅連續配發現金股利不間斷以外，每年盈餘分配率還能維持在約 7 成，對比台積電來說，崇越的殖利率高出許多。而且崇越屬於低波動的公司，當台積電在 2022 年股價大跌之時，崇越卻能逆勢抗跌，這就是看懂生意模式與公司股性的重要，書中會手把手帶大家學會看懂生意。

除了選對生意以外，挑選數家績優股來自組 ETF 更是

平衡存股風險的必要選擇。因為天有不測風雲，人有旦夕禍福，像我曾存台灣保全龍頭的中保科（9917），期間也遇過其轉投資的復興航空倒閉而影響獲利。所以非常多存股族喜歡重壓單一個股，這風險相當大，因為存10年與20年後，產業的變化是如何，無人可以預期。

存股族的最大迷思就是認為存股不能賣，事實上大家能接受ETF換股汰弱留強，自己存的時候卻跟股票談戀愛，這在邏輯上非常矛盾。

我建議投資人該自組ETF，我自己就存了超過10家公司，橫跨不同產業與股性，打造穩中成長的投資組合。透過自己變成ETF管理者的心態，你才能了解存每一家公司的原因，當我們真正認識所投資的生意，才能真正長期持有並安心在股價低迷時持續買進。

　　這本書濃縮了我 10 年磨一劍的產業觀察，相信能為正在存股的你提高財商，也能幫助你了解該如何投資一門好的生意，並靠不同績優公司之間的互補，讓錢替你工作，提早達成財富自由。

阿格力

Chapter 1

掌握基本觀念

—— 1-1 ——

遵循存股3原則
自組定存成長股ETF

　　台股自 2022 年最高點 1 萬 8,619 點（2022.01.05 最高價）起算，至 10 月份還跌破 1 萬 2,682 點的過往台股高點魔咒，外資在這段期間賣超台股提款超過新台幣 1 兆 3,000 億元，加上升息循環、經濟衰退和通膨的影響仍在，未來走勢實在難料。

　　很多存股族心中疑慮，「此時該如何操作？」我反而認為，存股族不須太執著於盤勢落底訊號何時浮現，只要鎖定符合基金型態、連續配發股利，而且盈餘具有持續性等 3 大「護城河」特性的投資標的即可，不用太在意大盤漲跌。

　　存股的操作邏輯本來就跟一般投資股票不同，因為存

股是「存錢」＋「買股」，只要選對標的，定期買進，逐漸累積持股數，加上每年領回的股票股利、現金股利可以降低持有成本，只要時間拉長，持續投入，就能享受時間帶來的複利報酬。

鎖定具防禦性、抗跌的民生消費股

存股多年，我發現很多 ETF 雖然不乏好標的，但是一籃子股票卻不見得個個都是我的心頭好，好比銷量好的成衣款式，只有 XL、L、M、S、XS 等尺寸，遠不如量身打造的高訂適合自己，ETF 組合也是一樣。

為什麼我堅持量身打造自己的 ETF ？先舉一個國外例子做對照。以美國 SPDR-必需性消費類股 ETF（美股代號：XLP）來說，成分股包含飲料、家庭用品、食物、菸草、個人用品等，都是生活必需品。

其中，第 1 大成分股是寶僑（P&G），很多人平日用的洗髮精、牙膏等都是寶僑產品；第 2 大成分股是百事可樂（Pepsi）；第 3 大成分股是可口可樂（Coca-Cola）；

第 4 大成分股是好市多（Costco），Costco 採取會員制力抗通膨，就算東西愈賣愈貴，大家還是在買，這就是通路商的優勢；其他如沃爾瑪（Walmart）、菲利普莫里斯國際集團（Philip Morris International Inc.）等，這些公司就算遇到新冠肺炎（COVID-19）疫情，股價也很抗跌（註1）。

XLP 在疫情下發揮超級防禦特性，股價從 2020 年 1 月 2 日的收盤價 62.48 美元，跌至 2020 年 3 月 23 日的收盤價 48.63 美元，跌幅 22%，與同期間美國標普 500 指數（S&P 500）股價從 3,257.85 點跌至 2,237.4 點，跌幅 31%（詳見圖1）相比，波動真的較小。因此，我真的強烈建議存股族，長期投資選擇民生必需股。

此外，就最近 15 年的歷史資訊來看，XLP 與 SPDR 標準普爾 500 指數 ETF（美股代號：SPY）、iShares 核心

註1：此為 2022.10.13 資料，由於 ETF 成分股有可能更換，故確切資料詳見各投信官網。

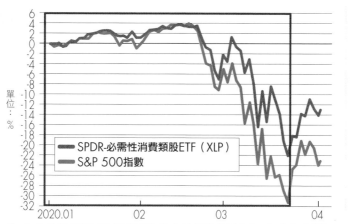

圖1 疫情風暴下,XLP股價相對抗跌

SPDR-必需性消費類股ETF vs. S&P 500指數走勢

單位:%

■ SPDR-必需性消費類股ETF(XLP)
■ S&P 500指數

註:1. 此圖以 2020.01.02 股價為基準計算漲跌百分比;2. 統計時間為
2020.01.02 ~ 2020.04.01　　資料來源:財經 M 平方

標普 500 指數 ETF(美股代號:IVV)、Vanguard 整體
股市 ETF(美股代號:VTI)等其他美股市值型 ETF 相比,
具有超級抗跌的防禦特質,且年化報酬率為四者之冠(詳
見圖 2)。

我的觀察是,在承受相同風險下,投資 XLP 可以獲得
較高的報酬,而且 XLP 的 Beta 值(即與大盤相關性)比

較低，不容易因盤勢震盪而大起大落。

不過台灣的民生必需股由於股本較小的緣故，很難納入 ETF 以市值為篩選邏輯的成分股之中。主要原因也是市場規模不盡相同所致，美國的民生必需公司如百事可樂、可口可樂可以做全世界的生意，Costco 可以在台灣橫著走。

相對而言，台灣的民生必需公司卻少能與之相比，因為都是以內需市場為主，故股本通常較小，難以有大的市值來進入 ETF。

但就民生必需型 ETF 的特質來看，「抗跌」這項防禦性特質有異曲同工之妙！因此，如果能鎖定台灣表現好的民生必需型標的，組成自己的 ETF，獲利幅度優於其他台灣 ETF 是可以樂觀預期的。

舉例來説，2022 年年初至 10 月 28 日，台灣飲料代工龍頭宏全（9939）的不含息報酬率就高達 19.92%，勝過多數台股的原型 ETF，如元大台灣 50（0050）

圖2 XLP較SPY、IVV和VTI更抗跌
4檔美股ETF績效走勢

4檔美股ETF報酬率、年化標準差、夏普比率、Beta值

ETF（代號）	期間年化報酬率（%）	年化標準差（%）	夏普比率	大盤相關性（Beta值）
SPDR-必需性消費類股ETF（XLP）	8.90	15.19	0.55	0.79
SPDR標準普爾500指數ETF（SPY）	7.89	20.71	0.35	1.00
iShares核心標普500指數ETF（IVV）	7.90	20.57	0.36	0.99
Vanguard整體股市ETF（VTI）	7.97	20.90	0.36	0.99

註：1.績效走勢圖以2007.09.04股價為基準；2.統計時間為2007.09.01～2022.09.30；3.資料日期為2022.10.17　資料來源：財經M平方

的 -33.23%，以及元大高股息（0056）的 -30.25%。

為什麼要自己組 ETF，而不是去買 1 檔高息 ETF ？以
「存股雙雄」0050 與 0056 為例說明。整理過去 10
年 2 檔 ETF 的表現可以看出，規模超過 2,000 億元
的 0050 績效遠勝 0056，0056 只有在 2015 年及
2018 年贏過 0050（詳見圖 3）。

不過，在大盤表現不佳的時候，0056 通常會贏過
0050，那是因為 0056 的成分股具有股息防禦抗跌，
跌少就會贏。

所以，如果是定期定額每個月投資 3,000 元（不包含
手續費、稅費等，配息採再投入計算），回測過去 10 年，
0050 的年化報酬率是 9.08%，0056 是 5.95%。因此，
如果是我，絕對不會買 0056，因為同樣都買 ETF 的情
況下，指數型 ETF 表現比較好。數據會説話，0056 不
可能長期贏過 0050。

很多人説：「存股要存高股息 ETF，所以抱緊 0056

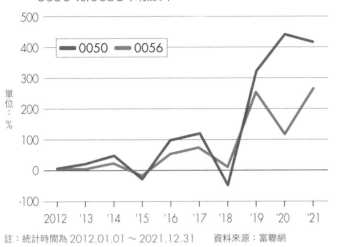

圖3 ## 0050長期績效遠勝過0056

0050 vs.0056年報酬率

單位：％

註：統計時間為 2012.01.01 ～ 2021.12.31　　資料來源：富聯網

不賣，想賺取較高的股利，反觀投資 0050 還得賣股才能入袋為安。」我認為這個邏輯沒什麼道理，因為投資說穿了就是要「獲利」，賺到還要能落袋為安，如果總資產增加，張數減少有什麼關係？重點是整體資產要成長啊！

也有人說，可能 0050 過去的投資報酬率比較好，

但是 0056 每年殖利率較高，也許會贏 0050。甚至很多投資專家會說：「錢少可以買 0056，錢多可以買 0050。」我倒認為，投資標的的選擇，不需要受價格因素限制影響。

大家知道 0056 的選股邏輯嗎？它是從台股市值前 150 大的股票裡，挑出現金殖利率高的股票，而這種股票的股價通常比較不會漲，所以像台積電（2330）這種股價比較會漲的標的就不會入選。

基本上，市值能夠進入台灣前 150 大，且現金殖利率高的公司，多半屬於穩定產業、股本大的公司。

既然是穩定產業、股本又大，市值就不會增加很多（市值＝股價 × 股本 ÷ 面額），也比較不會成長，這是鐵律！所以我們會看到高股息 ETF 中有電腦周邊設備股，很多人不會單獨存這些公司，但會去買含有電腦周邊設備股成分的 0056，而這也是自己選股和買 ETF 在邏輯上的落差，所以我喜歡自己客製化存股 ETF 的原因——能真正地選進定存成長股。

　　雖然如此，我不會否定 0056 這個商品，畢竟不同的人生階段會有不同的選擇。如果我今年已經 65 歲了，手上有 3,000 萬元現金，希望每年透過這筆錢獲利 150 萬元。

　　假設 0050 每年殖利率都有 8%、0056 每年殖利率都有 5%，此時我可能不會買 0050，而會買 0056，因為，0050 受股價波動影響大，65 歲的心臟可能承受不了這種上沖下洗的刺激，就算 0050 報酬率比較好，我還是會把機會留給心臟比較強又追求高報酬的年輕人。

　　但是，人生不同階段有不同需求，存股也不一定非 0050 或 0056「雙雄對決」不可。

　　很多好標的不見得被納入「雙雄」中，比方我前面提到的抗跌族群「生活概念股」，因此只要找對標的，一如前面提到的成衣與量身打造概念，也可以靠生活概念股存出優於高股息 ETF 或市值型 ETF 的投資報酬率。至於哪些生活概念股屬於優質標的？後面的章節我會舉例說明。

打造符合自己期望報酬率的投資組合

打造自己的 ETF 好比量身訂製一套高訂，完全可以在設計、製作過程中彈性調整需求，甚至搭配一系列獨家配件，打造整體感。這讓我想起電影《金牌特務》（Kingsman）中的幾位特務先生，不論高矮胖瘦老中青，一定要到高級西服裁縫店訂製一件「自己的戰袍」，而且不必擔心撞衫。

自己的 ETF 也是一樣，可以跳脫 0050 或 0056 等固定限制與框架，多元布局，打造符合自己期望報酬率的投資組合。

例如 2022 年上半年股市震盪，與大盤連動高的市值型 ETF 跟著加權指數股價走跌，反而讓高股息 ETF 成為寵兒，除了 0056 之外，元大台灣高息低波（00713）與國泰永續高股息（00878）等 ETF 的人氣亦逆勢上揚。

註 2：此為 2022.10.21 之資料，由於 ETF 成分股有可能更換，故確切資料詳見各投信官網。

表1 **00713和00878持股比重最高產業相同**
00713與00878前10大持股產業占比

元大台灣高息低波（00713）		國泰永續高股息（00878）	
持股分布 （依產業）	持股比率 （%）	持股分布 （依產業）	持股比率 （%）
電腦及周邊設備	22.89	電腦及周邊設備	27.70
半導體	14.09	金融保險	25.16
塑膠	9.74	通信網路	8.64
通信網路	9.14	電子通路	7.04
其他	7.10	其他電子	5.35
電子零組件	6.68	水泥	4.44
電子通路	5.63	紡織纖維	3.93
金融保險	5.49	電器電纜	2.95
食品	4.75	食品	2.87
光電	2.59	光電	2.54

註：資料日期為 2022.10.21　　資來源來：MoneyDJ

00713與00878都是很熱門的標的，報酬率相當不錯，但我會說，如果有更好的選擇，不一定要選它們。

　仔細檢視 2 檔 ETF 的成分股，00713 與 00878 其實在台灣高股息 ETF 選股池都很接近的狀態下，兩者的電腦及周邊設備類股占比都超過 20%（註 2，詳見表 1）。

大家有沒有發現，高股息 ETF 一定有筆電代工公司，因為普遍來說殖利率跟獲利穩定，但是這些類股對我來說缺乏成長性，所以我不是很喜歡。

不過，電腦及周邊設備類股的股本龐大，在以市值為篩選的邏輯中很容易被選入 ETF，這也讓我動起自組 ETF 的想法。

大家都知道我常推薦民生必需股，可是，台灣的民生必需股多半股本太小，就算股價上揚，也進不了台灣市值前 150 大公司，要被納入 ETF 成分股太難。

以人氣高的民生必需股為例，除了統一股本 500 億元有辦法擠進前 150 大，其他像是卜蜂（1215）、大成（1210），還有聯華食（1231），股本都只有幾 10 億元，根本擠不進前 150 大（註 3），所以買檯面上既有的 ETF，容易有遺珠之憾。

註 3：元大台灣高息低波（00713）是從市值前 250 大的股票中挑選標的，故而卜蜂有入選。

　　所以我才特別強調，要打造自己的 ETF，尤其是要納入那些優質的民生必需股。

　　高股息 ETF 不是不好，但成分股中未必個個合我們的心意，表現也不盡然特別亮眼，除非不懂個股或別無選擇，否則我還是強烈建議打造自己的 ETF，花時間用心打造自己的「Kingsman 戰袍」，而非選擇客製化成衣。如果「效果」可以更好，為什麼要屈就？

　　但我還是老話一句：「選擇在自己，不同的年齡層、投報目標與對個股的研究程度，決定適合的自組 ETF 存股策略。」總之，我給存股族的建議是掌握以下 3 原則（詳見圖 4）：

原則1》選出真正具有爆發力與成長性的公司

　　自己組的成長股 ETF 不用管理費，而且還可以選入定存成長股，比方像大樹（6469）、茂順（9942）這些個股就算股價漲很多，也是不太可能被選入 ETF 成分股的「遺珠」，因為股本僅有約 10 億元左右，市值根本

進不太了 ETF，但其實都是非常績優的公司。

簡單來説，自組成長股 ETF 跟買台灣高息 ETF 的差別在於，你可以選到真正具有爆發力與成長性的公司，就跟買到飆股一樣。

如果自組的成長股 ETF 中出現幾匹黑馬，整體及長期獲利會有多驚人？就像大樹在 2022 年年初至 10 月 28 日為止，不含股利的報酬率就有 24.3%，若還原股利，報酬率更是來到 50% 以上，同期的 0050 不管是否還原股利，跌幅都在 3 成左右。

原則2》採取多元布局策略

我個人存股比較喜歡分散投資，建議個股最好是 10 檔以上、產業 5 種以上，藉此來分散風險，因為長期投資過程中會遇到單一公司的起起伏伏，需要投資組合來平衡，大家喜歡存 ETF 正是因為這樣的特性。

不過，單一個股占總資金的持股比率要有上限，我的

圖4 投資組合應包含10檔以上個股，分散風險

自組ETF 3原則

❶ 選出真正具有爆發力與成長性的公司	❷ 採取多元布局策略	❸ 適時汰弱留強
自組定存成長股ETF不但免管理費，還可選未被納入高息型ETF成分股的「遺珠」。如果自組的ETF裡每一檔都是黑馬，整體及長期獲利會很驚人	投資組合包含10檔以上個股、5種以上產業，但對單一個股設上限（例如30%）	除非持股成本極低，否則產業逆風時一定換股

單一個股上限設定為 30%，但重倉的幾檔個股，加起來比重可能上看 50% 到 60%。

　這樣做有什麼好處？因為 1 天只有 24 小時，財報公布的時候，我可以優先看重倉的公司，單壓一家公司有可能釀成「高風險」。當然也未必這麼糟，反而是投資過程中沒有花時間研究資料，沒有追蹤或不清楚公司風

險在何處，才可能引來巨大的災難！

如果我們可以掌握每一家公司的優勢與風險所在，自然知道公布財報時眼睛要盯哪裡，知道如何趨吉避凶。

當然，也有人力無法掌握的未知風險，比方旭富（4119）就是個典型的案例。這家公司 2020 年曾發生大火，生產線遭燒毀，引發一連串骨牌效應，只能怪那年沒安太歲，躲不去這道坎。

為了預防「旭富事件」發生，我更在意控制整體資產的分散風險性與波動性，舉例來說，我手邊有 3 檔股票屬於合計占 60% 持股的重倉單，由於我年紀是 7 年級後段班，目前自組 ETF 的主軸是追求資產成長，但這些公司屬於高速成長股，所以 Beta 值都相當高。

因此，我另外的 40% 成分股會以 Beta 值很低，以及產業變化幅度小的類股為主，以降低整體資產的波動性，因為只要整體持股市值的波動性太大，容易讓存股族半途而廢。

理由很簡單，波動性大的成分股組合就像情緒起伏大的另一半，如果你的枕邊人今天笑、明天哭，後天大鬧一場暴打你，5 天後又說「我愛你」，誰受得了這種大悲大喜？

愛情禁得起等待卻禁不起考驗，存股也是如此，在後面的章節中會教大家如何判斷個股的波動度，來建立自己的 ETF 組合。

原則3》適時汰弱留強

存股雖然強調長期投資，不代表上車後就不下車，該獲利了結時要果斷出手，先落袋為安，你賺的錢才真的是你的，否則只是紙上富貴。

所以，觀察到某些產業處於逆風期，我一定會換股，就像 2021 年賣掉飼料大廠大成，當時正在執行存股配置，沒想到農產品價格大幅提升，按照經驗這會影響公司未來幾季的獲利並減少股利發放，所以我是有賺就先跑了，事後證明這個決定並沒有錯。

　　存股族最大的盲點就是能認同 ETF 換股，但自己存股時卻變成王寶釧想苦守寒窯 18 年。自組 ETF 要汰弱留強，這是很重要的原則，適時整理成分股與追蹤財報，才能減少損失，獲利更多。

—— ⟨⟨〲 1-2 〱⟩⟩ ——

只要方向正確
最好的存股時機就是現在

存股成為顯學後，很多投資人掌握小額定存的概念，努力追逐不錯的投資標的。

不過，自從台股萬點成為常態之後，很多人開始「恐高」，擔心存股的單位成本過高，或者擔心進場後「加權股價指數」（俗稱大盤）就拉回整理。尤其 2022 年台股從萬八跌破萬三之後，很多存股族心生疑惑：「萬點以上還能存股嗎？現在又該如何操作？」

存股最大的風險不是「買貴」，而是「買錯」

其實台股大盤站上萬點後，就有很多人問我，「現在還能存股嗎？」因為他們身邊常有很多雜音出現，像是

有人會說：「萬點存股？你腦袋有問題嗎？風險會不會太高？」這種話語聽多了以後，更容易杯弓蛇影。

對此，我的答案始終都是：「只要方向正確，隨時都是存股的時間點，最好的存股時機就是『現在』！」因為對於投資來說，方向比努力重要，如果走錯方向，再努力是沒有用的。以下我用數據來跟大家分享「方向比努力重要」這個觀念。

一句話先破題：「萬點以上還能存股嗎？」「發行量加權股價報酬指數」是答案！有人會好奇，為什麼一定要看發行量加權股價報酬指數，不能只看大盤就好呢？這是因為台股每年6月～8月是除權息旺季，其中除權是公司發放股票股利、除息則是公司發放現金股利。由於除權息前後公司的市值要相同，因此，當個股除權息時，股價是會下跌的。

而台股大盤是所有個股的集合，也會受到除權息的影響，股價會跟著下降，所以10年前的1萬點跟現在的1萬點意義不同。

因此，若只看台股大盤判斷容易失準，我們只能知道存股位階對應的指數是相對高點，無法知道是不是真正的高點。

但發行量加權股價報酬指數就不同了。所謂的發行量加權股價報酬指數，就是把每年台股大盤因為除權息消失的點數給加回去的指數，能確實呈現股市真實情況。只要台灣經濟持續成長，發行量加權股價報酬指數只會愈來愈高。

舉例來看，網路上常看到這樣的論點：「假設現在台股大盤是 1 萬點，你應該等到 8,000 點才進場存股……。」其實，我認為這樣的論點非常沒有邏輯。為什麼？

大家從圖 1 可以看到，2011 年 4 月 14 日，大盤來到 8,802 點，2015 年 8 月 20 日為 8,029 點，按照前面的邏輯，直接看大盤，會認為 2015 年 8 月 20 日的 8,029 點比 2011 年 4 月 14 日的 8,802 點低約 10%，所以 2015 年 8 月 20 日買股會比較便宜。

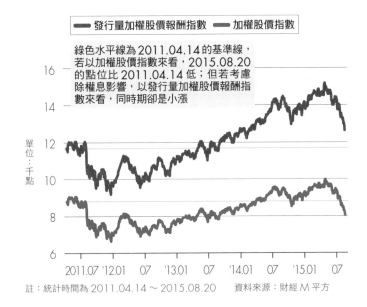

圖1 進場買股應考慮除權息對大盤的影響
加權股價指數vs.發行量加權股價報酬指數走勢

發行量加權股價報酬指數　　加權股價指數

綠色水平線為2011.04.14的基準線，
若以加權股價指數來看，2015.08.20
的點位比2011.04.14低；但若考慮
除權息影響，以發行量加權股價報酬指
數來看，同時期卻是小漲

單位：千點

2011.07 '12.01 07 '13.01 07 '14.01 07 '15.01 07

註：統計時間為 2011.04.14 ~ 2015.08.20　　資料來源：財經 M 平方

　　但是，如果看發行量加權股價報酬指數，2015 年 8
月 20 日是 1 萬 2,639 點，已經比 2011 年 4 月 14
日的 1 萬 1,702 點高出 937 點，所以，如果觀察大盤
決定是不是要進場買股，並不盡然客觀，持續買進就是
最好的方法。

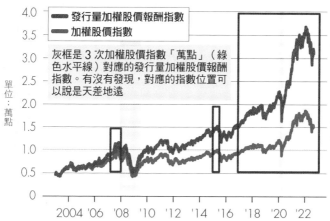

圖2 發行量加權股價報酬指數波動度高

加權股價指數vs.發行量加權股價報酬指數走勢

> 發行量加權股價報酬指數
> 加權股價指數
>
> 灰框是 3 次加權股價指數「萬點」（綠色水平線）對應的發行量加權股價報酬指數。有沒有發現，對應的指數位置可以說是天差地遠

單位：萬點

2004 '06 '08 '10 '12 '14 '16 '18 '20 '22

註：1.灰底表景氣衰退；2.統計時間為 2003.01.01 ～ 2022.08.30
資料來源：財經 M 平方

　因為如果我們真的能判斷市場的絕對高低點，那也不用存股，直接做波段就好不是嗎？

　有人會說，如果拉長時間來看，從 2003 年到 2022 年，發行量加權股價報酬指數看起來波動頗大（詳見圖 2），應該要更小心謹慎選擇買股時機。但我想說，存股動輒以 5 年、10 年，甚至 20 年為單位，真的不用拿放

大鏡檢視任何一處微小波動。

除非有人手上有 2,000 萬元想一次 All in，當然要考慮是不是應該等「大跌」才進場，否則不用太在意進場時機，因為沒有人可以預測大盤可能怎麼走。就好像大家都說 2008 年到現在已經多頭很久了，大盤可能隨時會反轉崩跌，結果呢？一漲就漲了 10 多年！

我認為，存股最大的風險不是「買貴」，而是「買錯」，只要買對股，股價變化都只是反映指數震盪而已。既然是存股，在「定期定額」或「擇機再增加持股」的前提下，好公司大跌就是降低成本的時機而已。所以，存股族不要去預測市場，而是要去想對策，比方出現危機時，是不是應該找個合適的時機點增加持股，降低成本。

還有，如果你跟我一樣喜歡存民生消費股，其實不用太緊張，因為我們存股的股價走勢跟加權股價指數比較沒關係，就算大盤跌很慘，我們也可以雲淡風輕。

值得一提的是，民生消費股歷經 2020 年至 2021 年

新冠肺炎（COVID-19）疫情衝擊，以及原物料成本高漲侵蝕獲利帶來的相對低潮，之後隨著疫苗覆蓋率普及與成本獲得控制，2023 年開始是復活年，投資人更要找好存股標的，大展身手。

市場處於停滯型通膨時最適合買防禦型價值股

2020 年跟 2021 年對我來說，是非常難熬的 2 年，雖然我也分析電子股，但是最核心也最喜歡的，還是民生消費股。

這類股票在 2020 年、2021 年不是沒有漲，但是比起航運、半導體大漲幾倍這類逆天的族群，我最愛的民生消費股漲勢的確斯文秀氣了些。

但是，2022 年情勢開始反轉，如同美林時鐘圖的節奏，在滯脹時期除了現金以外，防禦型的價值股是首選，這正是特定民生類股的優勢（詳見圖 3）。

2020 年疫情爆發，美國祭出無限 QE（量化寬鬆貨幣

政策）拯救經濟，貨幣寬鬆，GDP 成長，所以 2020 年及 2021 年景氣走入復甦期（Recovery），成長型股票當道。上千美元的特斯拉（Tesla）股票、100 倍本益比的輝達（NVIDIA）都是在這樣背景下產生的。

到了 2021 年，大宗商品（Commodities）是首選，原物料漲很多，石油、天然氣，鋼鐵、木頭等原物料都在漲，符合美林時鐘的歷史統計。

但 2022 年已經進入到類似滯脹的階段（通膨但經濟尚未正式衰退），按照美林時鐘的節奏，就是現金、防禦型價值股（Defensive value）或低波動高息等具有防禦性質的資產稱王。

回首 2022 年，真的又呼應了這樣的投資節奏，建議大家未來要謹記美林時鐘的大原則，能幫助投資有一個大方向。

一般我們會將股票分為 3 類：1. 成長型股（如科技、通訊類股）、2. 防禦型股（如民生必需品、醫療保健、

圖3 GDP成長且通膨降溫，成長型股票當道
美林時鐘示意圖

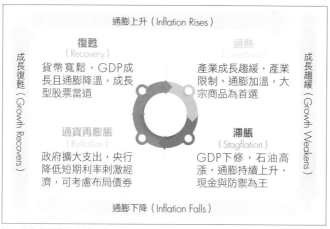

通膨上升（Inflation Rises）

復甦
（Recovery）
貨幣寬鬆，GDP成長且通膨降溫，成長型股票當道

過熱
（Overheat）
產業成長趨緩，產業限制、通膨加溫，大宗商品為首選

成長復甦（Growth Recovers）

成長趨緩（Growth Weakens）

通貨再膨脹
（Reflation）
政府擴大支出，央行降低短期利率刺激經濟，可考慮布局債券

滯脹
（Stagflation）
GDP下修，石油高漲，通膨持續上升，現金與防禦為王

通膨下降（Inflation Falls）

註：此為總經數據統計，非買賣建議　　資料來源：美林資產配置小組

公用事業類股）、3.景氣循環股（如能源、運輸、工業、非民生必需品類股）。其中，「防禦型股」公司因為會固定配發股息，所以又被稱為「股息股」。

　　不論景氣好壞，防禦型股票與民眾的食衣住行息息相關，就算經濟嚴重衰退，防禦型類股都有其價值，畢竟日常生活需要用到柴、米、油、鹽、衛生紙；生老病死

與醫療保健相關；生活起居離不開水電瓦斯及通訊、運輸工具，因此，防禦型股票具有極佳的保護作用。這也是我大力提倡生活類股的原因，因為民生必需品比較不會倒，產業容易了解，進入門檻不會太高。

至於存股該存「個股」還是「ETF」？其實都可以，重點不是 ETF 或個股，而是存股的「目的」是什麼？像我自己幫孩子存股，主要是存兼具股利與營運成長的高 Beta 定存成長股，目的是為了「打敗大盤」。

但如果你存股的目的是不要輸給大盤，小贏就好，配置上有 50% 以上壓在指數型 ETF，如富邦台 50（006208），其他配置在熟悉的個股，這樣操作也是可以的。

存股概念就是拉長時間定期定額，如果每月持續投入，不太需要在意個股的高低點或上下波動，假設出現大跌，也就是同樣價錢買更多股數而已，只要公司基本面沒有衰退，可以繼續霸氣買下去，過程中如果股價下跌就代表可以買到更多股數，而且每年配息也會降低成本。

　　不過，萬一個股本質上發生改變，我還是會砍掉換股，大家要記住：「存股不是都不要賣，只要狀況確定不對，還是要立馬壯士斷腕，別跟自己的錢過不去。」

—— 1-3 ——

開始存股之前
先想清楚投資目的

　　很多人問我：「能不能買某檔股票？手邊有錢該如何配置？」這就跟你問我該買 1 棟房子還是 2 棟一樣，因為我不了解你的家庭背景、單身或已婚、家裡有幾個小蘿蔔頭、所得狀況、人生需求、投資目的等，所以很難斬釘截鐵給你建議。

　　一句話，「別人的成功經驗不見得適合你，你的條件不一定能複製別人的成功經驗。」所以我的建議是，做任何決定之前要先看需求及目的，存股也是一樣。

透過3原則釐清存股方向

　　我常透過 3 原則釐清自己的存股大方向（詳見圖 1），

圖1 運用「72法則」可推估資產翻倍時間

3原則釐清存股方向

① 用「**72法則**」掌握資產翻倍時間
資產翻倍時間（年）＝72÷報酬率

思考重點 **你想要幾年將資產翻倍？**

② **投資目的決定股利種類**
若選擇穩健型標的，就該選擇發放比較多現金股利的公司；
若鎖定成長型標的，就要選擇發放比較多股票股利的公司

思考重點 **你想要成長還是穩健？**

③ 善用複利效果
複利效果需要靠時間來累積，獲利不能間斷

思考重點 **連續5年報酬率都是5%比較好？還是連續4年報酬率都是10%，最後1年虧損13%比較好？**

註：72法則的報酬率是指百分比的數字部分，%不用計入，例如報酬率6%，
公式中只需要填入「6」即可

你也可以如法炮製：

原則1》用「72法則」掌握資產翻倍時間

想要幾年讓資產翻倍？可以用「72法則」快速計算。
72法則指的是72除以報酬率得出翻倍需要幾年。舉例

來說，如果你希望 1 年中穩賺 6% 報酬率，將 72 除以 6 可以算出 12，這表示如果能每年維持穩定的 6% 報酬率，12 年後你的資產就會翻倍。

報酬率高低視投資習慣、資產、性格而異，有人只求穩健獲利，有人積極求勝。投資前一定要先釐清這些答案，然後選擇標的。

例如我希望存股過程中除了股利又要能兼具資本利得，而報酬率通常與公司的獲利成長性有關，所以如果我看到一家所謂的好公司但盈餘成長不如我的需求，它就不適合我。因此到底某一檔公司的股票值不值得買，就要看你的投資目的而定。

例如食品股統一（1216）的特性是低波段與穩定獲利，就適合比較保守的投資人，也許它的殖利率不是最好，但是熊市抗跌能力是一流的。

所以假設是一個資產上億元的人問我統一，我會說很適合他，反正股利足以抗通膨，然後又能保本；但如果

是剛出社會的年輕人問同樣問題，我會建議他買成長股
比較能讓資產快點變大。

原則2》投資目的決定股利種類

　　要選高殖利率股還是成長股？先想清楚自己的投資目
的是什麼。舉例來說，好萊塢男星布萊德‧彼特（Brad
Pitt）在主演的電影《子彈列車》（Bullet Train）中配戴
百年靈（BREITLING）Navitimer 航空計時腕錶掀起時尚
話題。之前我也在研究名錶，比方勞力士（Rolex）、沛
納海（Panerai）、萬國錶（IWC）……。

　　如果只是想買款便宜名錶，大可走一趟二手店，原價
30 萬元的錶，戴了 2 年的二手貨大概打 6 折。但是，
如果你買名錶的目的是希望保值、增值，愈是物以稀為
貴的錶，身價愈高。像是勞力士的綠水鬼 Submariner
Date 2021 年在台灣上市不到 3 個月，網上炒賣價就從
定價 31 萬 7,000 元飆破 70 萬元大關，這就是名錶的
魅力。

　　我要說的是，「只想配戴一款名牌錶」跟「投資名牌

錶等它增值」的目的截然不同，目的不同做法也不同，
存股也是這個道理。

　　如果你希望鎖定穩健型標的，就該選擇發放較多現金
股利的公司；如果鎖定兼具成長的公司，就要選擇發放
比較多股票股利的公司，例如金融業。

　　值得注意的是，在追求股票股利的複利效果前，要先
想一下公司發放股票股利的目的是什麼？雖說是想要把
錢留下來，可以透過增資賺更多錢。但是，如果將這筆
錢用來擴廠，擴廠後一定會賺更多錢？不一定。

　　簡單來說，股票股利是複利概念，如果公司今年賺
1,000 萬元，答應要分給股東 700 萬元，後來決定不
發放給股東，而是拿這 700 萬元增資蓋廠，然後承諾「明
年要賺 2,000 萬元給大家」。

　　可是公司明年一定能賺 2,000 萬元嗎？不一定。所
以，如果是製造業，你要思考公司擴廠有沒有意義，若
是公司擴廠沒有意義，那麼投資人領取股票股利不一定

比領取現金股利好。

就拿「晶圓雙雄」台積電（2330）與聯電（2303）來說，台積電的擴廠跟聯電的擴廠一樣嗎？不一樣。

台積電擴廠屬於拓展先進製程，先進製程代表沒有對手，當然擴廠愈多愈好，讓三星（Samsung）等重量級競爭對手永遠追不上，最好能成為晶圓產業的托拉斯（一種資本主義壟斷組織形式）。

而聯電屬於成熟製程擴廠，相關製程技術不只聯電有，其他對手也有，假設訂單暴增而發放股票股利用於擴廠提高產能，但未來不見得還能維持榮景。一旦榮景不再，發放的股票股利可能急速縮水貶值。所以，同樣是擴廠，台積電與聯電的擴廠戰略意義就有很大的不同。存股族要留意兩者之間的差異，其他族群與個股也是如此。

相對而言，金融業為什麼要發放股票股利？因為台灣政府很愛請金融業者「喝咖啡」，不想喝咖啡就要遵守政府的各項遊戲規則，所以台灣的金融股相較於其他國

家來說算是滿安全的，金融公司要發放股票股利，那是
因為它要把現金留下來充足自己的資本適足率（註1），
讓自己有更多底氣，才能把生意做得更大。

　這也是為什麼長期以來台股投資人喜歡存金融股，因
為在股票股利的複利之下，累積的報酬率相當可觀。

原則3》善用複利效果

　買來存股的公司，獲利不能間斷。很多人會依殖利率
高低來選擇存股標的，我的建議是不看殖利率來選擇存
股標的，而是看穩定獲利與成長率。

　如果能參透這件事情，你就可以明白為什麼股神巴菲
特（Warren Buffett）會那麼有錢。

　很多人想學巴菲特存股，但是沒有學到精髓，只學到

註1：資本適足率（Bank of International Settlement ratio，
　　　BIS ratio）為銀行自有資本淨額除以風險性資產總額所
　　　得到的比率；自有資本是指合格自有資本淨額。

「死抱活抱」這件事。其實，巴菲特沒有死抱活抱，看錯了他還是會砍，比方他會狠下心賣光投資 31 年的曾經最愛──富國銀行（Wells Fargo）。可見投資沒有100% 穩賺不賠，股神巴菲特一樣會看走眼，但他會汰弱留強，這才是重點。

投資人不妨思考一個問題：連續 5 年報酬率都是 5%，最後的總報酬率比較好，還是連續 4 年賺 10%，最後 1 年虧 13%，最後的總報酬率比較好？乍看好像後者比較好，但如果用複利計算，其實前者的累積報酬率更好。

因此，能配置一組每年都能穩定獲利的公司組合，才有機會讓你的投報率也持盈保泰。

◎連續5年報酬率都是5%：
1×（1＋5%）×（1＋5%）×（1＋5%）×（1＋5%）×（1＋5%)-1×100%＝27.6%

◎連續4年賺10%，最後1年虧13%：
1×（1＋10%）×（1＋10%）×（1＋10%）×（1＋10%）×（1－13%)-1×100%＝27.3%

　　投資最重要的永遠不是怎麼賺錢，而是要想辦法不虧錢或不要虧太多錢，還有虧錢的時候知道要跑。巴菲特有句名言：「投資最重要的 3 件事情──不能賠錢、不能賠錢、不能賠錢。」只要賠 1 年，就算前面連續 4 年每年獲利 10% 很厲害，還是可能輸在虧錢的那 1 年。

　　所以，回到前面的問題，連續 4 年每年獲利 10%，最後 1 年虧 13% 的總報酬率，終究會輸給連續 5 年每年獲利 5% 的總報酬率，因此，複利的連續成長性非常重要，螞蟻雄兵也能撼動須彌山。

價值股須符合3大關鍵指標

　　除了前面提到的 3 原則，還要留意選擇的「價值股」要符合 3 大關鍵指標：抗通膨、持續性與定價權，都是老生常談，但跟「核心價值」一樣，不能丟。

關鍵指標1》抗通膨

　　「抗通膨」是指產品會隨通膨而漲價，民生必需品較有抗通膨的能力，比方食品類股就是很好的抗通膨選項。

關鍵指標2》持續性

公司有沒有辦法持續獲利很重要，有持續性才有續航力，才值得受存股族擁戴。公司要維持「持續性」，必須持續發揮「被需要」的價值，擁有被長期消費或使用的利基，才能「長期獲利」。

以崇友（4506）這家公司來說，主業是電梯保養及維修，電梯直接換新的機率相對較低，只要維修保養電梯的需求一直都在，崇友就一直有「被利用價值」，創造持續性獲利。

關鍵指標3》定價權

高通膨時代，物價不斷上漲，選股除了掌握抗通膨要素，別忘了擁有定價權的公司在高通膨時代具備明顯優勢；反之，定價權弱的公司只能任人魚肉，沒有發言權，因為價格上漲會增加公司成本，侵蝕利潤率及獲利。

如果公司具有訂定價格的優勢，即便調漲價格，消費者或市場仍然必須埋單，這就是定價權優勢，也就是被取代性相對較低，也代表更有競爭力。

　　還記得幾年前我曾建議大家不要存電信股，那是因為月租費愈來愈便宜，攜碼跳槽成常態，消費者的忠誠度愈來愈低，而且吃到飽價格已經殺到見骨，電信業者似乎失去定價權優勢。所以仔細觀察「電信三雄」（註2）近幾年的每股盈餘（EPS），可以發現已失去成長性。

　　不過，我要提醒大家，好公司不一定是好股票，公司能不能獲利成長才是關鍵，好比叫好不叫座的電影沒有票房營收加持，不會吸引金主爸爸掏錢繼續投資，在商言商，沒有商業價值的電影就算獲獎無數，也很難吸引資金進場。

　　漫威電影《復仇者聯盟》或其他英雄系列電影之所以一直推陳出新，續集不斷，就是因為帶來持續性獲利與投資價值，就算電影票價上漲，票房也能持續開出紅盤。但是，如果哪天英雄電影魅力與票房不再，也無須為英雄垂淚，他們只是暫時沉寂，也許哪天就王者歸來了。

註2：電信三雄指中華電（2412）、台灣大（3045）和遠傳（4904）。

　　存股也是如此，開始選股前先想清楚自己的目的，然後尋找適合的標的，過程中掌握前面提到的 3 原則與關鍵 3 指標，動態調整投資組合，適時汰弱留強，靠存股達成財富自由並不難。

　　這裡要特別提醒存股投資人，想清楚目的很重要，心態也很重要，不要過度在意進場時機，也不要在意短期股市波動，只要投資時間拉長，逢低都是累積部位的好時機。所以 2022 年的台股雖然一路震盪走跌，對存股族來說，反而是撿便宜的好時機。

─────── 1-4 ───────

持續進行產業研究
為自行選股的必備基本功

2022 年開年迄今，盤勢變差，別説你們，我手上也有很多今年買進存股，本來賺錢，後來因為美股崩跌台股跟著炸裂後套牢的股票（註 1）。對於這類公司，如果你問我為什麼敢在盤勢差的時候買進股票？我有 3 個好理由：

理由1》沒人能預測市場

漲跌都是事後看，所謂事後諸葛就是如此，我們知道現在盤勢相對弱勢，但是沒人敢説後市不會上漲。老話

註 1：這些類股的 Beta 值大約是 1 左右，是高度連動大盤的公司，故存股過程容易受盤勢影響。Beta 值介紹詳見 2-2。

一句，如果能絕對預測市場的漲跌，那波段才是正解，
也不用打造屬於自己的 ETF 了。

理由2》產業面成長很重要

盤弱時買進的個股勢必已經浮現投資價值，只是產業
面要正確。對的產業在市場恢復時，會吸引資金重新買
進這些類股，屆時不僅能解套，還可能逆轉勝，順勢賺
一波。

理由3》不一次用光子彈

不過別忘了前述 2 個理由要建立在「分批進場」，雖
然個股的投資價值已經浮現，但是別忘了，股票市場常
常會上演「超殺超跌」的戲碼。重要的是不要一次把子
彈打光，價值浮現後持續買進，在牛市長於熊市的股市
循環中，好公司的股價不會永遠委屈。

選對產業，股票套牢也不怕

我要強調的是：只要產業對，套牢解套就只是時間問
題！產業優於一切，不怕買貴，只怕買錯！那麼，如何

才能選對產業買對股？以下我以租賃業為例，說明觀察及操作邏輯。

熟悉我的投資人都知道，我很愛提租賃股，但是租賃股沒讓我套牢過嗎？當然有，可是最後我都成功拗單賺到錢。

為什麼租賃股套牢還敢拗單甚至逢低買進？就是因為產業還在成長階段，所以套牢時已經知道，只要未來每股盈餘（EPS）持續成長，就有解套機會。但是如果套牢的是航運類股，我的心情可能大不同。所以我說，產業對，套牢解套只是時間問題。

記得我說的「方向比努力重要」嗎？懂得如何思考，就會產出決策，而不是呆呆地想預測未來走勢。

當然，任何產業都有極限，再如何成長也有頂到天花板的時候，但只要我們在產業極限頂到天花板前把握投資時機，並隨著產業輪動積極換股，例如 A 產業回歸平淡時還有 B 產業接棒，多次累積就會有可觀的收穫。

什麼叫「天花板」？電信業的中華電（2412）和保全業的中保科（9917）都是很好的例子，這2家都是好公司，不過因為國內電信市場跟保全市場已經飽和，所以我不會提高本益比去追這類公司。

因為提高本益比等於是出高價，除非未來公司成長可期，否則這類股票就只適合逢低買進領穩定股息。

台灣租賃產業未來成長潛力大

那麼，租賃業的「產業天花板」到了沒有？當然沒有，而且還很遠。2011年，台灣的租賃滲透率僅5.83%，2020年已經來到11.13%（詳見圖1），這就是為什麼過去10年租賃股股價一直漲的主因，因為整個產業還在大風吹。對照先進國家美國租賃滲透率近40年在30%以上，台灣目前滲透率只有11.13%，碰觸到「天花板」了嗎？顯然整個產業不僅還有成長空間，而且空間還很大！

從圖1我們可以看到，台灣租賃滲透率過去10年來

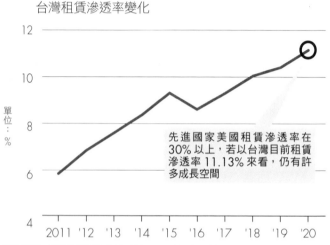

圖1 **台灣租賃滲透率11.13%，仍有成長空間**
台灣租賃滲透率變化

單位：%

先進國家美國租賃滲透率在30%以上，若以台灣目前租賃滲透率11.13%來看，仍有許多成長空間

2011 '12 '13 '14 '15 '16 '17 '18 '19 '20

資料來源：世界租賃年鑑（World Leasing Yearbook）

幾乎翻倍。而租賃滲透率往上走，有沒有反映在業者的營收狀態上？答案是有，而且翻更多，因為大者恆大，小企業的份額會被大企業吃掉。

以中租-KY（5871）來說，2011年7月營收約達14億元，而2022年7月營收已經飆到74億元，足足翻了4倍（詳見圖2）！而且營收還在持續擴大，顯

圖2 **中租-KY、裕融營收皆一路向上**

中租-KY（5871）、裕融（9941）營收變化

註：1. 中租-KY 於 2011 年 7 月興櫃、同年 12 月上市；2. 統計時間為 2011.07 ～ 2022.07　　資料來源：XQ 全球贏家

然滲透率的天花板還沒到，未來持續成長的機會也非常高。再看另一檔租賃資優生裕融（9941），2011 年 7 月公司月營收約 7 億元，2022 年 7 月營收則是約 31 億元，也翻了 3 倍多。

值得一提的是，台灣的租賃業中，車輛及運輸設備占比最大，約占整體份額的 50%。像裕融的業務包含新舊

汽車，機車、大卡車跟遊覽車的分期付款，是不是就受惠於「租賃市場中占比最大的一塊是交通運輸類」這件事？因為台灣中小企業多，人人都要當老闆，所以有很多公司需要租賃交通運輸工具來營運甚至是「節稅」。

但 2 家公司的競爭優勢仍有差異，中租 -KY 強在中國與東協的多元布局；裕融則強在營運主軸符合台灣企業需求，因此營收主要也是來自台灣本土。

事實上，租賃雙雄中租 -KY 及裕融的獲利穩定性非常強，中租 -KY 掛牌以來連續 10 年至今股利不間斷且成長，而裕融更是連續配息 21 年沒斷過，2 家公司的年獲利超過 1 個股本更是家常便飯（註 2）。

台股中像中租 -KY、裕融這樣的公司有幾家？其實真的不多，顯示台灣租賃產業推升力道不容小覷！

註 2：中租 -KY 於 2011 年 7 月興櫃、同年 12 月上市，此
　　　處從 2012 年（股利所屬年度，下同）起算至 2021 年。
　　　裕融 1999 年 12 月上櫃、2001 年 9 月上市，此處
　　　以 2000 年起算至 2021 年。

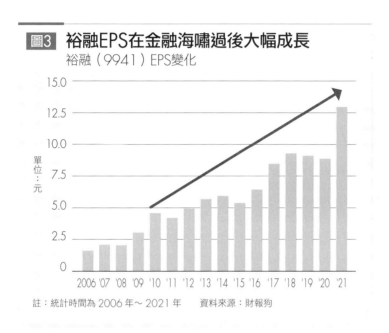

圖3 裕融EPS在金融海嘯過後大幅成長

裕融（9941）EPS變化

註：統計時間為 2006 年～ 2021 年　　資料來源：財報狗

　　很多人會說，財報代表過去，沒有參考價值，這說法只對了一半，我們可以藉由財報鑑往知來，例如可以觀察過去同類股在黑天鵝來襲的大環境下，有沒有抵抗力。以 2008 年金融海嘯來說，當時多少金控股虧損，發不出股利？那一年對金融業來說應該是超級霹靂宇宙無敵慘了吧？可是我們看到裕融的 EPS 不僅保持穩定，海嘯隔年 EPS 就大幅成長（詳見圖 3）。

　　所以，我在租賃股套牢的時候，不會去想萬一黑天鵝來襲，公司會不會倒閉或者業績大幅衰退，反而會等待時機，持續進攻，因為租賃業有合約保護，它們有防護罩也有產業底氣，自然能安然躲過金融海嘯，撐到明天過後。

　　投資是一輩子的事，投資也會影響你的一輩子或半輩子，甚至會影響下一代，像我就已經在幫我兒子存股，當然要謹慎對待。除了前面提到的自行選股，組自己的ETF，還要花時間做產業研究。

　　我說過，就算是選到好標的定期定額存股，也不代表買股之後就可以不聞不問，就算是股神巴菲特（Warren Buffett），抱久的投資標的該砍還是要砍，不要跟錢過不去。買股跟砍股之間，有做功課跟沒做功課差別很大。

　　產業研究的價值不在於瞬間發財，而是增加自己遇到危機時的底氣，人云亦云或不知所以然，風暴來襲時如何自救？所以，研究產業時我不會只看技術面或籌碼面，因為在股市久了會發現，不論是哪個投資學派或技術指

標，大盤順勢時什麼都不做，躺著都可以賺到錢。

　　判斷勝負的關鍵在虧錢的時候，誰能保持理性，不砍在「阿呆谷」（指股票賣在最低點）或能逢低進場，才是勝出的關鍵，但理性不是自己給自己的，而是對產業了解夠深才能擁有這份坦然。

　　建議大家多觀察感興趣產業的未來、現在與過去，經驗累積久了自然知道面對逆勢時該怎麼做！

Chapter**2**

擬定存股守則

—— 2-1 ——

能連續配發股利的公司
才適合存股

　　前面提到，存股之前要先搞清楚自己的存股目的，選
股要選有產業前景、發展穩定或穩定成長的標的，也建
議利用 3 個原則（用 72 法則掌握資產翻倍時間、投資
目的決定股利種類、善用複利效果）釐清存股方向，3
大關鍵指標（抗通膨、持續性、定價權）掌握存股標的
特性。

　　我發現不少存股族選擇標的時總是先看殖利率（註 1）
高低，的確，殖利率代表預期現金流量，可以透過這個
指標判斷買股時機，但如果眼裡只有殖利率，有可能掉
入殖利率的糖衣陷阱，比方賺到高殖利率，卻賠了價差。

　　有些公司因為股價創新低而導致殖利率反向創新高，

如果不仔細檢視公司的營收表現，只是看到殖利率長期維持高點，可能不小心買到前景不佳，甚至產業衰退的標的。所以，前面提到存股要做足產業研究就是這個道理，除了殖利率這個數據，還要多留意公司基本面與產業動態。

另外，有些公司高殖利率的來源不是本業營收，可能來自於處分公司資產所得，這種高殖利率、高配息一如稍縱即逝的煙花，放一次就沒有了，也不符合我前面說的連續性原則。

如果平日有做功課就會知道，這樣的高殖利率不代表未來現金流量，還是要回歸企業的長期獲利表現才行。

還有一種公司因為稅後淨利納入保留盈餘後，不需要再投資發展新技術或擴大規模，也沒有合併、股票回購、償還債務等需求，所以才會有高配息及高殖利率。

註 1：此處殖利率不單指現金股利殖利率，而是考慮現金股利和股票股利之後所得出的殖利率。

把握存股3項指標

　　單從高配息與高殖利率來看，投資人應該是開心的，但從公司發展性來看，沒有積極作為可能代表公司與相關產業沒有發展性，這樣的公司也不具備長期投資的吸引力，甚至應該留心公司的未來發展與財務體質。所以，我不建議存股族單看殖利率高低選股。

　　這裡要額外提出 3 項存股重要指標，幫大家進一步篩選存股標的：1.Beta 值（貝他值）、2.保留盈餘（Retained Earnings）、3.連續配發股利年數（詳見圖 1）。

指標1》Beta值

　　Beta 值是一種評估「系統性風險」的工具，可以用來衡量單一標的或一個投資組合，相對於大盤表現的波動程度。

　　一般來説，Beta 值小於 0.8 通常屬於低波動股票，波動甚至比大盤低；Beta 值等於 1 就是連動大盤；Beta 值大於 1.2 就是比大盤波動性更大（此處指有「顯著差異」

圖1 連續配發股利年數為企業護城河歷史見證

存股3項指標

❶ Beta值	❷ 保留盈餘	❸ 連續配發股利年數
股價波動度影響持股心態，低波動為佳	公司抵抗逆風的底氣，也是轉機的指標	企業護城河的歷史見證，存股重細水長流

的狀態，2-2 有更詳細的介紹）。

　　股價波動通常會影響投資者的持股心態，以 2020 年 3 月新冠肺炎（COVID-19）疫情爆發，美股、台股雙雙大跌來說，除非完全不關心國際局勢，也不看盤，否則很少投資人看到股市大跌心臟不抽痛的。而盤勢震盪與急跌時，Beta 值高的個股容易跟著大盤群魔亂舞，Beta 值低的個股反而波動較小。

　　因此，除非你藝高人膽大，甚至敢逆勢進場霸氣買股，

否則還是選擇 Beta 值低的個股，才能安心睡好覺。對於廣大的存股族來說，不用水裡來、火裡去也能穩穩獲利才是重點。

指標2》保留盈餘

保留盈餘是公司歷年累積的純益，尚未以現金或其他方式分配給股東，或轉為資本、資本公積，可因應未來財務需求而有不同用途；或者是公司歷年累積虧損，尚未以資本公積彌補。不少公司會將未分配剩餘的獲利保留下來，供未來發放股利或投資之用。

前面提到，公司的稅後淨利納入保留盈餘後，可以用來再投資發展新技術或擴大規模、合併、股票回購、償還債務等，所以保留盈餘多寡很重要，是公司抵抗逆風的底氣，也是轉機的指標。

保留盈餘對於公司來說，好比我們手邊的「存款預備金」，可以用來投入新機會或解決新風險，有這筆資金與沒有這筆資金，差別很大。所以，選擇標的除了要看殖利率外，也要觀察公司的保留盈餘。

畢竟投資要看未來，如果公司沒有積極作為，或者產業前景堪憂，若遇到黑天鵝之類的風險恐無力自救，況且過去績效也不代表未來績效，即使公司過去 10 年配息狀況不錯，也不代表第 11 年之後的表現能一如從前。因此，就選擇存股標的來說，保留盈餘會是一個不錯的觀察指標。

指標3》連續配發股利年數

一家公司值不值得投資，先看它有沒有辦法持續獲利賺錢，如果答案是肯定的，才會出現存股族希望獲得的長期獲利，畢竟細水長流、獲利不間斷是存股最重要的概念。

因此，投資人就算沒有做足功課，什麼都不知道，至少也要了解公司連續配發股利（含現金股利和股票股利）的年數。

就台股而言，每年 6 月～ 8 月是傳統除權息旺季，2022 年雖然是熊市，但除權息旺季之前我也逢低存了不少股票，這樣的好處是可以在 1 年出頭就參與到今年

跟明年的除權息（例如今年 6 月買參與今年 7 月除權息的股票，隔年 7 月又參加一次），這樣的時機真的很棒。

不過，在存股之前，我通常會再三檢視買進標的是否符合我的存股重要指標，努力篩選出具有產業前景、發展穩定或穩定成長、公司有保留盈餘、連續配發股利等條件的標的（註 2）。

留意標的是否符合選股3項要素

在選股上，我會鎖定「股利成長、盈餘持續成長，以及具有護城河」的標的。當然，在高通膨的滯脹年代，股利成長就兼具抗通膨特性，盈餘持續成長則代表營收具有堆疊性，至於具有護城河概念的個股，可以鎖定產業龍頭股（詳見圖 2）。

要素1》股利成長

註 2：低波動（Beta 值低）非必要條件，只是尤佳。如果
　　　Beta 值連動大盤的股票，就是用定期定額分批買進。

圖2 挑選具護城河的企業，可鎖定產業龍頭股
選股3項要素

❶ 股利成長	❷ 盈餘持續成長	❸ 具備護城河
股利也要抗通膨	營收具有堆疊性	公司為產業龍頭

　　股利穩定的公司很不錯，但是假設每年配發的股利都差不多，隨著通膨加劇，股利本身的實質購買力也會被侵蝕。所謂「不進則退」，一家公司的股利是否呈現成長態勢，會是我優先考量的重點。

要素2》盈餘持續成長

　　所謂「羊毛出在羊身上」，想要股利成長，就代表公司的錢要愈賺愈多，所以存股族在選股時，也要觀察一家公司的盈餘成長性。

　　誠如前面所說，通膨怪獸每年都在長大，如果公司每

一年的營收沒有跟著增加,淨利率會被通膨侵蝕,所以我比較喜歡營收有「堆疊性」的公司。

「堆疊性」是指公司不用每年都在想來年的生意在哪裡,比方蘋果(Apple)就是營收具有堆疊性的公司。蘋果每推出一支 iPhone 都可以賺好幾年,加上用戶每次使用 Apple Pay、App store、iCloud 跟 iTunes 等軟體,都是在持續貢獻營收給蘋果,我想這就是蘋果成為股神巴菲特(Warren Buffett)第一大持股的關鍵。

大家表面上將蘋果歸類為科技公司,但在我看來,蘋果已經是一家金融、軟體跟影音公司了,而它也是我在美股持股中,占最大部位的公司。

就台股來說,國內連鎖通路藥局大樹(6469)就是很典型的「營收堆疊股」代表。因為藥局持續展店,開了之後每年都有生意,且藥局不是人人都能開(需有配置藥師),不像手搖飲店進入門檻低,所以具有產業優勢。

大樹每一年的店數成長大概都在 25% 以上,而且

圖3 **大樹營收成長率2017年後高於店數成長率**

大樹（6469）營收成長率與店數成長率

註：1.大樹2014年藥局店數為35家，營收為16億6,200萬元；2.統計時間為2015年～2021年　　資料來源：大樹法說會資料

2017年之後，大樹的「營收成長率」幾乎都高於「店數成長率」（詳見圖3），這點非常重要。這可不是開店多、營收就多的邏輯，如果營收成長率大於店數成長率，代表公司除了展店提升營收外，每一家店的店效也在同步成長，所以大樹藥局的營收堆疊力量是很驚人的。

反之，營收沒有堆疊性的公司就像蘋果供應鏈業者，

常需要擔心「下一餐」在哪裡，或者要絞盡腦汁開發新客源，變數相對較大。或者像是新冠肺炎疫情發生後 2 年內，因為塞港、缺貨，或者因為遠距辦公興起而使 3C 類產品需求量暴增，不少電子廠商接單狀況逆勢成長。但如果這些電子廠商的訂單只是 2 年「快閃」，隨著之後疫情趨緩，接單狀況能否維持榮景還是未知數。

綜上所述可知，只要公司獲利難以掌握，營收沒有堆疊性，都不適合長期存股。

要素3》具備護城河

護城河指企業擁有同業競爭對手難以模仿或超越的優勢，是股神巴菲特投資績優股時，不斷提到的觀念。通常，公司具備護城河後，獲利能力及產業地位會比同業競爭對手更具優勢。

就我對台股績優企業的觀察，這些企業的護城河特性可以概分為「官股護城河（指具有國家資源、歷史背景，且少有新進業者會進入此產業）」、「持續性收入／營收堆疊」、「汰舊換新需求讓公司穩定獲利」、「有合

約保護」等 4 種。

　　其中，官股護城河往往可以為企業帶來數十年的營運紅利，因此市場中有不少人偏好投資官股占比高的企業，尤其是金融股。但事實上，除了金融股之外，政府在民生必需產業也多有布局，不少企業長期的獲利表現不輸金融股。下面就來幫大家介紹 3 檔具官股護城河特性的民生必需股：

個股①》台肥（1722）

　　2021 年話題性很高的台灣電視劇《茶金》，描寫的是 1950 年後新竹茶業創造經濟奇蹟的故事。劇中有一段內容令人印象深刻，就是肥料廠的成立過程，利益龐大也引發中美兩國的政治角力。

　　現實生活中，談到肥料，多數人會想到 1946 年成立迄今、農委會轉投資並持股 24.07%，一直保有國內肥料供應龍頭地位的台肥。這家股本近百億元的公司，自 2001 年（現金股利所屬年度，以下同）起，已連續 21 年配發現金股利，且 2010 年至 2021 年這 12 年間，

每年配發超過 2 元的現金股利（詳見圖 4），難怪不少
台灣 ETF 成分股中，都有台肥的身影。

　若細看財務報表可知，台肥有 2 大關鍵獲利：1. 在
沙烏地阿拉伯轉投資製造尿素的朱拜爾肥料，持股約
50%，光 2021 年認列的金額就高達 30 億 7,000 萬元；
2. 租賃收益，台肥土地資產雄厚，全台持有總面積約
170 公頃，其中光是台北市南港區的土地就高達萬坪。
預估台肥 2022 年租賃收益有機會達 18 億元，隨著未
來持續開發商辦，租賃與轉投資收益都會再成長。

個股②》臺鹽（1737）

　臺鹽成立於 1995 年，最大股東為持有 38.88% 股權
的經濟部。臺鹽身為國內鹽產品龍頭，負有穩定物價的
使命，在支持國家政策的定價限制下，雖然近幾年民生
必需品價格大幅上揚，但鹽產品價格長期維持凍漲狀態，
賣鹽並不好賺。

　但奇妙的是，臺鹽卻自 2009 年起，連續 13 年配發
現金股利，且 2014 年至 2021 年，配發的現金股利皆

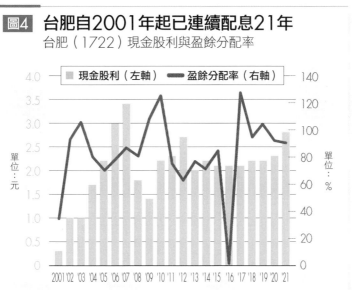

圖4 台肥自2001年起已連續配息21年

台肥（1722）現金股利與盈餘分配率

現金股利（左軸）　盈餘分配率（右軸）

單位：元

單位：％

2001 '02 '03 '04 '05 '06 '07 '08 '09 '10 '11 '12 '13 '14 '15 '16 '17 '18 '19 '20 '21

註：1.圖中年度為股利所屬年度；2.台肥2016年受業外損失影響，EPS為負值，
此處盈餘分配率以0表示；3.統計時間為2001年～2021年
資料來源：XQ全球贏家、Goodinfo!台灣股市資訊網

在1元以上（詳見圖5）。

　　為什麼臺鹽在主力鹽產品價格凍漲，且原物料成本
大漲的狀況下，2021年前3季還能繳出每股盈餘
（EPS）1.55元、年增率近30%的佳績？答案是臺鹽
的最大成長力道來自於「綠能」事業，營收年增率高達

403.4%，金額達 7 億 4,500 萬元。

根據法説會資料，臺鹽 2020 年全年前 3 大營收為鹽產品 46%、包裝水 28%、其他 12%（包含子公司營收、商品及生醫產品營收）。然而至 2021 年年底，臺鹽前 3 大營收比率已經變成鹽產品 34%、綠能 31%、包裝水 23%。

臺鹽的綠能事業主要是在集團閒置空地、工廠頂樓及魚塭（漁電共生）設置太陽能發電系統，扮演電廠管理及顧問角色，營運風險相對低。

臺鹽轉投資持股 66.75% 的臺鹽綠能，搭上全球綠能趨勢的順風車，可望成為未來的營運新動能，對集團來說是「正面大贏、反面小輸」。

個股③》關貿（6183）
關貿成立於 1996 年，最大股東為持股 36.11% 的財政部。關貿受政府委託開發電子通關、線上報税、電子發票及防疫相關系統，具有產業龍頭地位不意外。

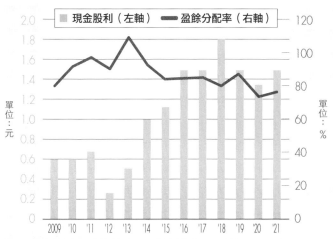

圖5　臺鹽2014年～2021年現金股利皆逾1元

臺鹽（1737）現金股利與盈餘分配率

註：1.圖中年度為股利所屬年度；2.統計時間為2009年～2021年
資料來源：XQ全球贏家、Goodinfo! 台灣股市資訊網

　　2020年新冠肺炎疫情爆發後，帶動電商網購、網路外送、居家工作及家庭影音等商機。經濟部統計處數據顯示，2022年上半年，電腦及資訊服務業營業額2,427億元，為歷年同期新高，年增16%，加上政府推出民眾使用的線上系統通常是由關貿協助開發，具有壟斷性，關貿獲利能力欲小不易。

關貿也是標準的基金型態網路公司，業務範圍及獲利來源都很多元，如公司所開發的電子通關、線上報稅、電子發票及防疫等相關系統，都是受政府委託而開發。根據年報資料顯示，關貿 2021 年營收比重為專案承包 55%、電子資料交換服務 43%、其他 2%。

值得一提的是，關貿的電子供應鏈系統服務國內近 80% 的流通業者，客戶包含全聯、好市多、家樂福、寶雅、屈臣氏等，從這一點可以看出關貿的營運規模。此外，疫後國內中小企業加速數位轉型，關貿提供「T-Cloud 關貿雲」服務，結合資安、雲端、大數據分析及物聯網（IoT）應用等服務內容。

「官股護城河」及「產品高市占率」2 項優勢造就關貿每年 EPS 維持成長，連續配息 22 年不間斷，而且自 2012 年起，股息連續 10 年成長（詳見圖 6）。

政府持股就是最直接的官股護城河，也讓企業營運立於不敗之地。前述 3 家官股業者不僅具備穩健經營的特性，更擁有不同的營運新動能。

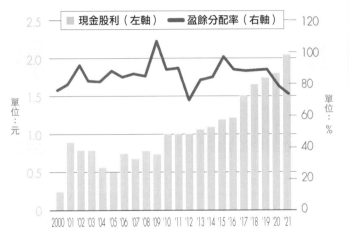

圖6 關貿自2012年起股息連續10年成長

關貿（6183）現金股利與盈餘分配率

註：1. 圖中年度為股利所屬年度；2. 關貿 2000 年尚有配發 0.25 元的股票股利；
3. 統計時間為 2000 年～ 2021 年
資料來源：XQ 全球贏家、Goodinfo! 台灣股市資訊網

綜合前面的說明，我們了解到：存股不是看殖利率這麼膚淺，如果公司沒有護城河，存個幾年就變成爛公司，那可不行。

真正有能力連續配息的公司多半具有 4 類特色，也就是擁有 4 大護城河優勢，這樣的標的才會是「金雞母」：

1. 官股護城河、2. 持續性收入／營收堆疊、3. 汰舊換
新需求讓公司穩定獲利、4. 有合約保護。

　所以，我強烈建議存股族選擇產業時，最好鎖定符合
以上所述原則，能在長期持有的過程中讓人安心、放心，
毫無壓力地享受複利的甜美果實。至於哪些生活股符合
前面提到的諸多優勢，我會在後面的章節詳細說明。

2-2

參考Beta值
篩選波動率低的個股

俗話說：「男怕入錯行，女怕嫁錯郎。」男女平等的時代，大家都怕入錯行、選錯對象，存股也是一樣。人有人性，股有股性，所以我常跟投資朋友說：存股就像挑選另一半，要選個（股）性穩定、波動小的，今天讓你掉進糖罐裡，明天讓你活在煉獄裡的另一半，任誰都受不了。

說到挑對象或選另一半，我們常聽人討論這個問題：「你喜歡什麼類型的？」我現在一定會回答：「像我老婆那一型的。」至於選股，當然是以「生活類股」為主，別無懸念。我對民生必需生活類股情有獨鍾，除了因這個族群不易受景氣影響外，另一個重點在於，「股價穩

定持平或穩定成長」。

　為什麼股價穩定持平或穩定成長很重要？那是因為當股價容易大漲大跌時，容易讓存股族產生 3 種狀態：

　1. 心不安，尤其股價跟著大盤大跌，心情更是差差差。
　2. 心癢難耐，突然大漲了，要不要賣？這沒賣好像很可惜。
　3. 股價波動那麼大，該定期定額還是一次買足？買在高點怕套牢，不買又怕一直漲，選定期定額要怎麼抓時間間隔⋯⋯。

　然而，若你持有的是股價穩定持平或穩定成長的個股時，心態就會比較平緩。以生活股中的沙拉油大廠大統益（1232）來說，多年來股價一路上漲，相較於台股加權指數（即大盤）走勢，波動小很多，這就是存「股性牛皮」公司最大的好處（詳見圖 1）。

　試想，如果你交往的對象今天疼你、明天罵你、後天說想你，這段感情容易維繫嗎？應該很心累，對多數人

圖1　大統益股價波動比加權指數小

大統益（1232）vs.加權指數績效走勢

註：1. 以2017.10.21股價為基準點計算漲跌幅；2. 統計時間為2017.10.21～2022.10.21　　資料來源：XQ全球贏家

來說都是難的，除非你就愛這一味。存股也是一樣的道理，選擇股性牛皮的公司可以降低心情波動，如此一來才有辦法長期持有。

想穩穩存、安心存，就選低Beta股

至於低波動股怎麼找？我的獨家篩選機制是：參考

Beta 值（貝他值）。Beta 值又稱波動係數，很多人稱其為「風險係數」，是一種評估「系統性風險」的工具。可以利用 Beta 值衡量單一標的或投資組合對比整體市場（大盤）的波動性。但是，如果股價波動大發生在一路往上漲的情況下，自然算不上風險，所以我認為，將 Beta 值當成波動係數即可。

如果投資人看好大盤或想賺取超越大盤的績效，應該對高 Beta 股很有興趣，反過來說，若是覺得盤勢不佳或想以防禦性為主，低 Beta 股可能是首選。簡單來說，Beta 值＞１，代表波動度比大盤大；Beta 值＝１，代表波動度與大盤一致；Beta 值＜１，代表波動度比大盤小（詳見表１）。

根據 Goodinfo! 台灣股市資訊網統計，大統益的 Beta 值是 0.21（註１），可以簡單理解成大盤如果漲跌

註１：Beta 值為截稿前可查詢到的最新數據，但由於 Beta 值是浮動的，建議大家實際運用時，以選股當時查到的資訊為準，查詢方式詳見文末圖解教學。

表1 Beta值＜0.8屬保守型，持股心態較安定

Beta值與存股的關聯性

Beta值	波動屬性	存股觀點
＜0.8	低於大盤 （保守型）	漲跌較小，持股心態較安定
0.9～1.1	趨近大盤 （平衡型）	連動大盤，逢低布局有機會
＞1.2	高於大盤 （積極型）	漲跌過大，投資心臟要夠強

註：科學上是以 Beta 值＞1、＝1 和＜1 做區分，此表則是以具「顯著差異」的＞1.2、
　　0.9～1.1 和＜0.8 做區分

10%，同時間大統益的漲跌約 2%，這代表大統益跟大盤
的關聯性非常小，不容易隨大盤起舞。存這種股票的好
處是，只要專注研究基本面就好，不用過度擔心基本面
好的時候買進，大盤跌的時候會短期套牢。

而 2019 年盈餘創新高的租賃龍頭中租 -KY（5871），
2020 年過年前股價 142.5 元（2020.01.20 收盤價），
年後受新冠肺炎（COVID-19）疫情影響，股價最低跌
到 77 元（2020.03.23 最低價）。

這樣的高低起伏就是因為中租 -KY 的 Beta 值是 1.29，

跟大盤方向一致，但波動高於大盤，所以毫無抗跌性，非常容易隨大盤漲跌而超漲超跌。

相較之下，大統益的股價只從 2020 年前封關的 123.5 元（2020.01.20 收盤價）跌到年後的 91.5 元（2020.03.19 最低價），而且大統益的本益比比中租 -KY 高，凸顯低 Beta 股在存股過程中面對大盤震盪時的優異「抗震力」，這點很重要，可以大大降低存股族因為心理恐慌急著賣股的發生率。

所以，想要安心存股，就選 Beta 值低的公司，可以穩穩存、安心存，而且又相對抗跌。

存股挑選股價短期波動不大的公司，好處非常多，由於這些股票與大盤連動低，所以股價主要受個股營運影響，我們大可將時間與心力花在基本面研究上，不必過於擔心盤勢震盪影響股價，也可以避免為了減少損失而砍掉不該砍的績優股。

相對地，由於高 Beta 股的股價波動很大，比較適合做

表2　Beta值高的個股，適合短期賺價差
不同Beta值的個股特性比較

風險指數股	高Beta股（＞1.2）	低Beta股（＜0.8）
大盤連動性	高	低
股價波動度	波動較大	波動較小
存股安定感	低	高
適合操作者	短期賺價差	長期領股利

價差的投資人，要存股也不是不行，但要定期定額避免
單筆買進套在高點。

不過，Beta 值高低本身不代表公司好壞，只是根據不
同的投資目的選擇股性適合自己的個股，以存股來說，
當然是低 Beta 值的個股比較符合多數人的心理強度（詳
見表 2）。

若在高檔存股，低Beta股風險相對低

存股族常問的問題是，「萬點存股行不行？」有這樣
的疑問無非是想存股又怕大盤反轉，賺了股利賠了價差。
對此，我的答案是：「如果仍想在高檔存股，低 Beta 股

是比較適合的，就算大盤反轉，受傷相對最低；反過來說，如果你是在股市崩盤時存股，存高 Beta 股反而在市場回穩時可以順便賺到價差。」

　　我們拿 2022 年 1 月 3 日至 2022 年 4 月 18 日這段期間的股價走勢來看，加權指數（即大盤）約莫跌了 8%；當時近半年 Beta 值 1.77 的電子龍頭聯發科（2454），股價約莫跌了 28%，震盪得比大盤還要劇烈；當時近半年 Beta 值 1.03 的國民 ETF 元大台灣 50（0050），股價約莫跌了 10%，走勢與大盤相仿；當時近半年 Beta 值 0.77 的融資租賃公司裕融（9941），股價約莫漲了 40%，完全和大盤走勢相反（詳見圖 2）。由此可見，低波動是存股關鍵。

　　我有一個小資族粉絲，當時買了 10 幾張裕融，而且是 All in 重壓這一檔個股，賺到翻掉。正如股神巴菲特（Warren Buffett）資產有 40% 都壓在蘋果（Apple）上面一樣，如果看好一檔個股，集中型投資也不賴。

　　但是我也看到很多存股族陣亡在阿呆谷（註 2），常

圖2 Beta值低的裕融，走勢與大盤相反

加權指數、聯發科、元大台灣50和裕融日線圖

註：1. 截至 2022.04.18，聯發科（2454）、元大台灣 50（0050）和裕融（9941）的近半年 Beta 值分別為 1.77、1.03、0.77；2. 統計時間為 2022.01.03 ～ 2022.04.18　　資料來源：XQ 全球贏家

常被洗掉賣股不說,而且選到一堆高殖利率、高 Beta 值的股票,結果股利還沒有到手就壯志未酬身先死,不僅賠了價差,也沒有領到股利。

有人會問,難道就不能存高 Beta 股嗎?不是不能,只是要用「微笑曲線」來買,也就是所謂的定期定額(詳見圖 3)。假設股價是 10 元,All in 買進跟分 6 次買進的差異是,當股價從 10 元一路下跌,最後股價又回到 10 元的時候,一次 All in 的投資人剛好回本而已。

紅字代表成本,如果是定期定額分批買進,代表成本一路下降,第一次買進 10 元,之後分別買到 8 元、6 元,後來漲回 8 元時,選擇 All in 的投資人還有 20% 的損失,但是分批買進的投資人在同一個時間裡已經獲利了,整體獲利是 9.33%。這就是微笑曲線的魅力!

但要提醒的是,Beta 值也會隨公司營運跟市場對不同

註 2:阿呆谷指投資人將股票賣在轉折低點,之後股價漲高時,投資人回頭看自己的操作會覺得自己是個阿呆。

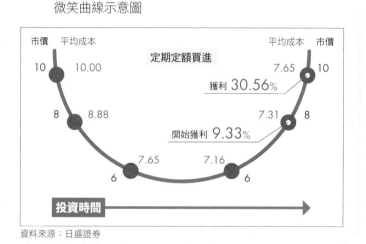

圖3 盤勢走跌反而是存股族撿便宜的好時機

微笑曲線示意圖

資料來源：日盛證券

類股的估值改變而變化，且偏低 Beta 值的公司，也可能變成很連動大盤的公司，這是要特別留意的。

　　掌握 Beta 值的精髓後，大家可以一起檢視我的存股清單，包含 5 檔高 Beta 成長股：裕融、中租 -KY、聚陽（1477）、勝一（1773）、大樹（6469），以及 5 檔低 Beta 穩定股：佳醫（4104）、崇友（4506）、生達（1720）、崑鼎（6803）、宏全（9939）。

通常成長股的 Beta 值都比較高，那是因為窈窕淑女君子好逑，有成長性才會引來市場追逐，導致股價波動性比較大（詳見表 3）。低 Beta 股帶給你穩定，可是成長性通常比較低，但好處是如果公司的 EPS 成長很多，獲利成長具有連續性，卻因為低 Beta 特性讓股價沒什麼漲，這樣買到就是撿到寶了。

相同股利政策下，低Beta股較抗跌

為什麼低 Beta 股通常比較抗跌？從股票特性可略知一二。首先，低 Beta 股通常成交量比較低、公司營運比較穩定，而這 2 點特色通常會讓大量進出的外資及短線操作者退避三舍。

換個角度想，如果大戶賣出不易，加上股性相當牛皮，當大盤反轉下殺時，是不是比較不容易成為重災區？

以相同股利政策的京鼎（3413）及杏昌（1788）為例，2021 年都配發相同的 7 元現金股利（2021 年配發的是 2020 年的盈餘），而京鼎 Beta 值為 1.7、杏昌

表3　高Beta成長股EPS年增率漲幅通常較明顯

阿格力自選存股清單

高Beta成長股				低Beta穩定股			
公司（股號）	產業	2021年EPS（年增率）	Beta值	公司（股號）	產業	2021年EPS（年增率）	Beta值
裕融（9941）	租賃	12.96元（46.4%）	1.00	佳醫（4104）	洗腎	4.3元（5.9%）	0.39
中租-KY（5871）	租賃	14.8元（21.3%）	1.30	崇友（4506）	電梯	4.39元（7.1%）	0.25
聚陽（1477）	紡織	11.2元（19.7%）	1.00	生達（1720）	製藥	3.95元（34.8%）	0.40
勝一（1773）	化學	8.08元（23.9%）	1.18	崑鼎（6803）	廢棄物	13.15元（4.9%）	0.21
大樹（6469）	藥局	5.83元（56.3%）	0.94	宏全（9939）	包材	6.83元（19.4%）	0.51

註：Beta值資料日期為2022.10.24　　資料來源：Goodinfo! 台灣股市資訊網

則是 0.28（詳見表 4）。從股價波動的價差與 Beta 值來看，高 Beta 的京鼎 2020 年高低價差為 142 元，而低 Beta 杏昌的高低價差則是 30 元。這代表什麼？

　　簡單來説，假設你真的運氣有夠差，2 檔股票都買在高點又跌到低點，那麼杏昌最多就是下跌 30 元，而京鼎就可能會從 234 元一路下殺到 92 元。從這個例子來

看，低 Beta 的杏昌確實相對抗跌；反過來說，對於想賺價差的投資人來說，股性比較活潑的京鼎較受青睞。

常聽人說：「等準備好了我就……」其實，很多事沒有「準備好」的時候，非要等準備好才結婚，可能很多人只能一輩子單身，買股也是一樣，不用過度擇機擇時。

我的習慣是，如果碰到很喜歡的股票，我會視財力而定先買個幾張，每檔股票投入的金額也不一樣，也可以買零股。

為什麼看到心癢的標的要先買？第一，市場是沒有辦法預測的，除非是景氣循環股，只要不是景氣循環股，你不要太預設立場；第二，買股後我們才會有動力去研究，就像夫妻之間經營感情，娶到手了才是培養感情的另一個開始，所以我常送老婆小禮物，想辦法讓婚姻存款保值或增值。買股、存股也是一樣，買進後才會更認真深入研究公司的內涵。

投資最可怕的不是高檔進場，而是投資人根本沒有根

表4 Beta值低的杏昌相較京鼎抗跌

杏昌（1788）vs. 京鼎（3413）Beta值與股價波動

項目	杏昌 （1788）	京鼎 （3413）
近1年Beta值	0.28	1.70
2020年均價（元）	110	180
2020年最高價（元）	125	234
2020年最低價（元）	95	92
2020年高低價差（元）	30	142
2021年現金股利（元）	7	7
2020年高低價差÷2021年現金股利（倍）	4.29	20.29

註：1. 近1年Beta值統計至2021年3月8日；2.「2020年高低價差÷2021年現金股利」是用來觀察投資人得到每一元股利需要承受多少元的股價波動；3. 現金股利年度為股利配發年度
資料來源：Goodinfo! 台灣股市資訊網、公開資訊觀測站

據盤勢做對應的操作，建議投資人留意 Beta 值，等於加買保險。如果不清楚自己手中持股的 Beta 值，最好趕快查一下吧（查詢方式詳見文末圖解教學）！

圖解教學　查詢個股Beta值

個股Beta值的查詢方式有很多，一般券商提供的「個股基本資料」都有詳細的介紹，或者「阿格力-價值成長股」App也能夠查詢，投資人只要輸入想查詢的股票代號或名稱，接著點選「基本分析」或「基本資料」，就能查詢個股的最新或歷史風險係數（Beta值）。

除了透過券商系統和App查詢之外，有一些免費網站也能夠查詢個股Beta值。下面就以台積電（2330）為例，教你如何利用免費網站Goodinfo!台灣股市資訊網查詢個股Beta值。

進入「Goodinfo!台灣股市資訊網」首頁（goodinfo.tw）。在❶「股票代號／名稱」輸入「台積電」或「2330」，輸入完畢後按❷「股票查詢」。

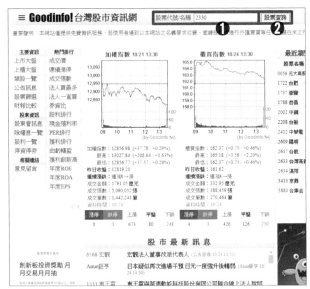

STEP 2 跳轉後將頁面下拉，即可看到台積電各時期的❶「風險係數」，像是半年期的Beta值為1.41、1年期的Beta值為1.35等。

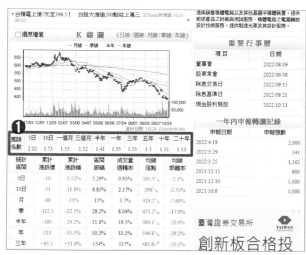

資料來源：Goodinfo! 台灣股市資訊網

---------- ②② 2-3 ②②----------

保留盈餘豐厚＋業績成長
有助公司股利政策穩定

　　筆者曾在線上學習平台 PressPlay 中跟大家分享〈電信股哪檔好？資本公積與保留盈餘給答案？〉該篇文章提到，電信股之所以每股盈餘（EPS）一直衰退，卻還是能穩定發放股利，根本原因就是電信股的「資本公積」跟「保留盈餘」相當好。

　　以遠傳（4904）為例，2018 年資本公積 58 億 2,000 萬元，保留盈餘合計達 348 億 8,000 萬元，超過 1 個遠傳股本，代表遠傳的撲滿真的很有錢（詳見表 1）。

用資本公積配發股利──以遠傳為例

　　所以什麼是資本公積（Additional Paid In Capital，

表1　遠傳2018年保留盈餘超過1個股本

遠傳（4904）股本、資本公積和保留盈餘

股東權益	2018	2019	2020	2021	2022. Q2
普通股股本（億元）	325.90	325.90	325.90	325.90	325.90
股本合計（億元）	325.90	325.90	325.90	325.90	325.90
資本公積合計（億元）	58.20	58.20	57.01	23.90	0.26
法定盈餘公積（億元）	184.90	194.30	203.00	211.20	214.80
特別盈餘公積（億元）	6.26	6.07	5.99	7.24	13.02
未分配盈餘 （或待彌補虧損，億元）	157.70	113.20	82.29	91.49	46.40
保留盈餘合計（億元）	348.80	313.60	291.30	310.00	274.20

資料來源：Goodinfo! 台灣股市資訊網

APIC）？資本公積又稱為額外實收資本，是公司收到的資本超過股票面額的部分。

更白話的説法是，資本公積就是公司不勞而獲的錢，例如當紅的直播女神因為人長得美，收到追求者贈送的台北市大安區豪宅，這棟豪宅就列入資本公積。

上市櫃公司最常見的不勞而獲來源是「溢價發行股票」，例如一家公司現金增資發行股票為每股 50 元，

因為每股面額為 10 元，所以多出來的 40 元就列入公司的資本公積。

資本公積可以用來增資發行新股或填補虧損缺口，如果公司沒有認列虧損，資本公積可用來發放股利，是股東相當重要的權益。

而保留盈餘（Retained Earnings）則是公司營運後所產生的淨利，可以用來作為股利發放給股東，或是用來再投資。如果盈餘是正數（獲利），稱為保留盈餘；如果盈餘是負數（虧損），稱為累積虧損。保留盈餘中的「未分配盈餘」也提供了公司在遭遇虧損時，度過難關的救命錢。

此外，多數公司賺錢都會存錢，預防萬一，這就是保留盈餘中的「盈餘公積」。政府規定，公司賺錢後要存10% 作為公司未來資金的預備，就是「法定盈餘公積」，而公司想要多存的部分就叫「特別盈餘公積」。

法定盈餘公積是「保留盈餘」最主要來源之一，除了

可以用來打消公司虧損，法定盈餘公積超過資本額 25%
的部分，可以用來發放股利。

　　所以說，保留盈餘是公司抵抗逆風的底氣，也是轉機
的指標，由於公司淨值中有很大一部分是保留盈餘，保
留盈餘高就代表「淨值含金量」高。

　　同樣以遠傳為例，查詢遠傳近 5 年的股利發放，對應
期間之 EPS 可以發現，它的盈餘分配率都超過 100%（詳
見圖 1），也就是說，公司發出去的錢比賺進來的還要
多。為什麼遠傳可以發的錢比賺的還多？就是因為公司
的資本公積不少，所以拿資本公積出來配發。

　　不過坦白說，遠傳這種做法是在吃老本，長久之計還
是要 EPS 成長才行。因為從前面表 1 來看，到 2022 年
第 2 季，遠傳的資本公積剩下 2,600 萬元，保留盈餘剩
下 274 億 2,000 萬元，已經比先前下降許多。

　　這種拿資本公積配發股利的做法會讓股東很有感，但
實際上股東權益根本沒變，這樣做對公司的好處是能維

持股價,因為股利如果減少,股價評價勢必下修。

不過,如果以存股角度來說,保留盈餘確實有助穩定股利政策,以及預防公司遇到「倒楣事」歇業或倒閉,例如 2020 年年底曾經發生過火災的旭富(4119),好險當時帳上保留盈餘超過 10 億元,讓它可以動用保留盈餘中的「未分配盈餘」來彌補虧損,否則還真的不知道怎麼度過建廠期。

時序到 2022 年,旭富的 EPS 已經由虧轉盈度過最差的時刻,能走到這一步真的多虧當時公司保留盈餘足夠。

總結來說,保留盈餘是公司的「保命錢」。存股族可以追蹤「保留盈餘豐厚」,且「業績成長」的公司,可以穩定公司的股利政策,也是公司長久經營的護城河。

保留盈餘高,即便虧損也能配息——以台肥為例

至於保留盈餘到底對存股有多重要?直接用台肥(1722)來舉例最清楚,這家公司的股利發放相當有趣,

圖1 遠傳近5年盈餘分配率都超過100%

遠傳（4904）現金股利、EPS、盈餘分配率

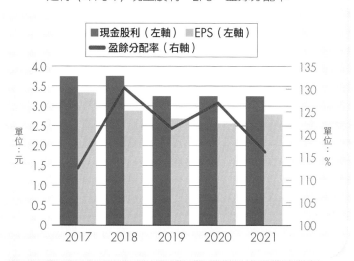

遠傳（4904）現金股利來源

年度	現金股利來源（元）		現金股利合計（元）
	盈餘	資本公積	
2017	3.037	0.713	3.75
2018	3.750	0.000	3.75
2019	3.209	0.041	3.25
2020	2.234	1.016	3.25
2021	2.349	0.901	3.25

註：1. 圖中年度為股利所屬年度；2. 統計時間為 2017 年～ 2021 年
資料來源：Goodinfo! 台灣股市資訊網

屬於超級穩定發放政策。歷史數據顯示,自 2010 年以來,台肥的股利發放幾乎都在 2 元以上,不管賺多賺少都是如此(過去 12 年以來,台肥 EPS 介於 -0.07 元~4.32 元,詳見圖 2)。

這麼做有好有壞,如果以殖利率角度思考,股利發 2 元以上,投資人可以依據自己的殖利率標準,很好地判斷是不是下手好時機。

不過肥料屬於化工業,台肥也是看天吃飯,例如轉投資的朱拜爾公司主要產品是尿素,獲利會隨著報價大起伏,所以台肥獲利會有大小年。

不過看到這裡,你一定很好奇,為什麼台肥有辦法在 2016 年 EPS 虧損時,依舊配發 2.1 元現金股利?以及為什麼 2017 年台肥 EPS 才 1.65 元,卻能配發比獲利更高的 2.1 元現金股利?這裡的關鍵就是台肥的保留盈餘相當高。

2014 年以來,台肥最低的單季保留盈餘為 362 億元

圖2 台肥自2010年以來，股利多在2元以上

台肥（1722）現金股利、EPS、盈餘分配率

註：1.圖中年度為股利所屬年度；2.台肥2016年EPS為負值，無法計算盈餘分
　　配率，此處以0表示；3.統計時間為2001年～2021年
資料來源：Goodinfo!台灣股市資訊網

（2018年第2季資料），約是台肥股本98億元的3倍。
由於台肥撲滿裡的錢真的非常雄厚，自然有辦法在公司
虧損時，拿保留盈餘出來維持穩定的股利政策。

除此之外，台肥的淨值含金率（註1）非常高。很多
公司的淨值是一堆存貨，而存貨又不一定賣得出去，反

表2 **台肥近年來淨值含金率皆逾70%**

台肥（1722）淨值含金率與保留盈餘變化

年度	2018	2019	2020	2021
淨值含金率（%）	73.7	73.6	73.3	72.9
保留盈餘（億元）	374	373	376	383

資料來源：HiStock 嗨投資

觀台肥淨值含金率在過去幾年來都是保持在 70% 以上
（詳見表 2），代表台肥的淨值裡，都是比存貨有用的
保留盈餘，這才是貨真價實的淨值！順帶一提，這類淨
值含金率高的公司，就很適合用股價淨值比來評價。當
股價淨值比小於 1 的時候，都是長期投資很好的時機。

　　基本上，看完本篇的幾個例子以後，相信大家就能清
楚了解到，保留盈餘也是存股族必須關注的指標。如果
我們能投資保留盈餘很豐厚的公司，未來當公司遇到危
機或者要維持穩定的股利政策時，才真正具備底氣。

註 1：淨值含金率的計算方式為「保留盈餘／總淨值」，是用
　　　來衡量公司淨值的實在價值。

─ 2-4 ─

存「基金型態」的公司股票
分散投資風險

　　萬物皆漲的年代，升官加薪、賺外快的速度拼不過通膨怪獸，想辦法錢生錢，靠投資加速擴建小金庫最實在。

　　不過，不論投資什麼，都要做點功課，天下沒有白吃的午餐，就算是小額存股，也要盡量了解公司後，做好資金分配，才能持盈保泰。

　　現在很多人靠「斜槓」多元生財，存股也要抱著「多元」思維，才能分散風險。

　　所以我建議存股族多找「基金型態公司」，只要風險降低，就能穩中求勝，慢慢存股一定會有成果，投資巿場中，能笑到最後才是贏家。

存股應用「基金」的概念長期投資

人稱「成長型價值投資之父」的菲利普·費雪（Philip A. Fisher）曾分享他對分散風險的看法，他說：「選股要選企業獲利來自於所有不同產業的多種業務，這種股票擁有 5 張即可。」

我認為，存股應該要用「基金」的概念長期投資，才能降低踩到地雷的風險；對於風險，我與費雪的概念不謀而合。雖然基金與股票是不同的商品，但投資邏輯可以互通。

基金廣受歡迎的原因之一來自於投資的「安全感」，姑且不論基金是否真的安全（視種類而定），由於基金具有分散投資機制，許多人選擇它作為主要投資工具。事實上，只買一檔股票也可以達到基金分散風險的效果，我說的不是 ETF，而是買「基金型態的公司股票」，而且還可以免付管理費。

什麼是基金型態的公司股票？我認定的基金型態個股

指的是：一家公司的營收來源具有多樣性，或是公司的轉投資穩健多元，可以貢獻一定比例的盈餘。長期投資最怕的就是公司盈餘瞬間衰退，除了可能造成短期股價下跌，最怕的就是公司從此一蹶不振，甚至讓投資人血本無歸。

投資這種基金型態的股票可以享受基金分散風險的好處，卻不必付出基金管理費，長期下來，投資人就能享受更穩健的獲利及配息。

基金型態股票本質上還是股票，但這種公司一如控股公司，可能旗下擁有非常多不同行業的子公司，所以，買進這家公司的股票就好像買進 1 檔基金，同樣具備分散風險的特質。

以本業為麵粉的聯華（1229）為例，公司旗下還轉投資石化、工業氣體及電腦事業。多元布局的事業體運作下，公司配發股利的年數長達 39 年（含現金股利、股票股利），完全無懼過往發生的亞洲金融風暴、金融海嘯、歐債危機甚至是中美貿易戰！事業體多元帶來的盈

表1 與基金相比,基金型態股票不需管理費

基金、股票與基金型態股票比較

投資工具	基金	股票	基金型態股票
特性	分散投資	單一企業	多元收入企業
優點	懶人投資	公司	免管理費,分散風險
缺點	管理費用高	雞蛋放同一籃子	須深入研究挖掘

餘穩定性,就是基金型態公司最迷人之處。

相較於基金,投資基金型態的公司同樣具備分散風險的優點,卻可以避開基金高手續費與管理費的缺點。

此外,與一般事業體較為單純的股票相比,基金型態公司可以免除單一產業受外在環境影響,導致短期變動加劇的風險(詳見表1)。

鎖定具備基金特質的民生必需類股

如果能選擇具有基金特質的民生必需類股,在長期投資上就等於買了「雙保險」。由於生活相關企業的營運穩健,不太容易受匯率波動及各國貿易戰所影響,相對

表2 花仙子、統一超、裕融皆具備多元特質
3檔基金型態民生必需類股比較

基金型態民生必需類股（股號）	連續配發股利年數	基金型態剖析
花仙子（1730）	25年不斷	**產品多元**：瑞士鑽石鍋（Swiss Diamond）、好神拖、去味大師（芳香類）、克潮靈（除濕）、驅塵氏（清潔相關產品）、康寧廚具等
統一超（2912）	30年不斷	**通路多元**：博客來、統一多拿滋、康是美、星巴克、家樂福、時代百貨等
裕融（9941）	26年不斷	**轉投資多元**：新鑫（營建機具）、格上租車、裕富資融（機車金融）等

註：1. 連續配發股利年數統計至2022年（股利發放年度）；2. 連續配發股利年數包含興櫃、上櫃與上市時期
資料來源：Goodinfo! 台灣股市資訊網、公司官網

於科技類股來說，更適合長期投資。

　　生活中其實存在非常多基金型態公司，只是散戶、投資人沒有帶著「分析師心態」仔細觀察統整。在此，我舉3家基金型態企業，分別具有產品多元、通路多元及轉投資多元等特性（詳見表2），看完我的說明後記得舉一反三，試著尋找其他標的。

個股1》花仙子（1730）

以「好神拖」聞名的花仙子旗下產品多元得超乎想像，除了去味大師、克潮靈和驅塵氏外，居然還代理康寧廚具，以及主婦搶翻天的瑞士鑽石鍋（Swiss Diamond）。

當一家公司的產品都是民生必需品而且產品類別各異時，只要管理階層不要亂投資，公司要倒閉很不容易，因為就算某一條產品線出問題，還有其他產品線能維持公司營收。因此，花仙子能連續 25 年配發股利，一點都不令人意外。

個股2》統一超（2912）

事業體本身具有基金性質的公司以通路商最具代表性，以統一超旗下的 7-ELEVEN 來說，店內販售各品牌商品，因此不會因為單一產品滯銷而影響營運。消費者喜歡什麼商品，通路商就進什麼貨，自然可以汰弱換強。

更厲害的是，統一超旗下還有博客來網路書局、康是美、星巴克和家樂福等各式通路，投資這種公司除非旗

下「不同性質」的通路「同時」倒閉，否則公司股票要
變成壁紙恐怕比登天還難。所以，統一超可以繳出連續
30 年配發股利的好成績。

個股3》裕融（9941）

　　最後一個例子是裕融，主要業務是為泛裕隆（2201）
集團旗下的汽車提供貸款，乍看業務非常單一，可能受
車市不佳導致大衰退。

　　事實上，裕融還轉投資經營營建機具和機車的融資公
司，版圖更橫跨租車（格上租車）與電動車充電樁（裕
電能源）等領域。這又是一家非常典型的基金型態公司，
不容易受單一營運業務影響而虧損，所以，裕融可以繳
出連續 26 年配發股利的亮眼成績。

盈餘多元性可平衡整體獲利──以統一為例

　　我剛開始接觸存股時，最熱門的標的莫過於電信股，
不過當年拿下長期投資桂冠的績優公司，如今多已失去
光環。以電信龍頭中華電（2412）來說，2016 年配發

5.485 元現金股利，2019 年僅配發 4.479 元，3 年間足足衰退 18.3%。

　細究原因，就是因為公司收入來源多來自於電信業務本身，當「499 之亂」（註 1）引爆的 4G 低資費衝擊來臨，就毫無招架之力。因此，存股前記得考慮具備基金型態且盈餘主要來源多元的生活股，才能建構既廣且深的存股護城河。

　盈餘多元性以國內食品股龍頭統一（1216）為例，集團以食品業起家，但跨足便利商店、物流及包材等事業體，事業體串聯後能發揮相加相乘的整體綜效，並受惠於相同的產業趨勢（詳見表 3）。

　另外，產業抗通膨力道強，食品股具有民生必需特性，

註 1：499 之亂是指 2018 年遠傳和台灣大哥大先針對軍公
　　　教身分提供手機行動網路吃到飽的 499 元的方案，吸
　　　引許多中華電信客戶移轉，之後中華電信決定對全民開
　　　放行動網路吃到飽的 499 元方案，促使遠傳和台灣大
　　　哥大跟進，全面開啟價格戰。

表3 便利商店事業部占統一集團營收比重最高

統一(1216)事業部別和主要產品

事業部別	主要產品	占統一集團合併營業比重(%)
便利商店事業部	台灣7-ELEVEN便利店	33.91
食品事業部	各種食用油、速食麵、麵條、乳品、茶飲、咖啡及綜合飲料、麵包、冰品、冷調食品、肉品、保健食品、調味品等	28.47
流通事業部	黑貓宅急便、連鎖藥妝、菲律賓7-ELEVEN	15.42
其他事業部	其他	10.88
包裝容器事業部	馬口鐵、PET瓶、紙杯、玻璃瓶	6.32
食糧事業部	畜產飼料、水產飼料、麵粉	3.60
製藥事業部	生技製藥	0.58
休閒開發事業部	統一7-ELEVEN獅棒球隊、夢時代購物中心、統一渡假村	0.57
物流事業部	常溫及低溫倉儲物流	0.25

資料來源:統一 2021 年年報

只要原物料上漲，公司都能將成本慢慢轉嫁到消費者身上，影響程度不大。

正因為轉投資的賺錢子公司眾多，母公司發生單一年度虧損的機率就相當小，故統一連續配發股利年數已達39年。如果進一步看股息成長，從 2009 年配發現金股息 0.44 元，到 2022 年配發 2.7 元，成長 5 倍多，難怪統一受定存族青睞，無論是持股高達 90% 的 400張大戶，還是股東受益人數超過 10 萬的散戶大軍，對它情有獨鍾絕對不是盲目選擇。

如同前面所述，統一具備連續多年配息、股息持續成長、低 Beta 特性，也相對抗跌，這些都是統一企業的競爭利基。

基金型態的好處在統一身上也得到驗證，過往集團主力金雞母是統一超，但近年來受新冠肺炎（COVID-19）疫情拖累，導致獲利衰退，比方開曼統一（中國事業體）及統一超商（包含菲律賓 7-ELEVEN）在 2021 年的淨利分別衰退 26.67% 及 13.25%，造成轉投資事業淨利

表4 統一股息持續成長，具低Beta及抗跌特性

統一（1216）營運狀況

年度	2017	2018	2019	2020	2021
EPS（元）	7.01	3.07	3.35	3.79	3.50
EPS年增率（%）	173.80	-56.20	9.10	13.10	-7.70
盈餘分配率（%）	78.46	81.43	74.63	71.24	77.14
現金股利（元）	5.50	2.50	2.50	2.70	2.70
主要營運事業	食品、通路、便利商店及包材				
產業地位介紹	國內食品龍頭				

註：1.表中年度為股利所屬年度；2.2017年，統一出售上海星巴克，有一次性收入墊高基期，故2018年EPS才衰退　資料來源：財報狗

衰退了11.03%。

　還好統一集團其他事業體仍穩定成長，多少降低超商事業營收衰退的直接衝擊，如統一實（9907）、統一證（2855）及統一國際開發等都出現爆發性成長，幫助集團在2021年整體稅後淨利衰退幅度收斂到7.7%左右。

　這就是我特別強調的：基金型態公司具有獲利平衡優勢（詳見表4），除了能帶動集團整體獲利成長，在風險來臨甚至逆風的時候也能減緩衰退幅度。

一家股本 560 多億元的公司，連續 39 年配息不輟，
股息維持成長趨勢的背後當然有穩定的獲利支撐，否則
很難維持高股息。

仔細觀察不難看出，統一的訣竅除了營收來源多元，
分散風險，認真經營才是關鍵。所以這種基金型態的公
司就好像 1 檔 ETF，具有分散產業風險的優勢。

Chapter3

釐清5大疑問

—— 3-1 ——

疑問1》定期定額、單筆投資哪個方式比較好？

　　前面第 1 章和第 2 章已經詳細說明了我的存股原理、原則，第 3 章我要先來幫大家解答一些存股族常碰到的小疑惑（一共有 5 個，我會分章節介紹），後面第 4 章再幫大家介紹一些我看好的產業及個股。存股族的 5 個疑問：

　　疑問1》定期定額、單筆投資，哪個方式比較好？
　　疑問2》掌握公司自結盈餘，有什麼好處？
　　疑問3》相同產業本益比，為什麼有高低之分？
　　疑問4》成長股，為什麼不能用本益比估價？
　　疑問5》持股遇到獲利大衰退，該走還是該留？

　　先來拆解第 1 個疑問：「定期定額好？還是單筆投資

好？」在回答之前，我們先來看什麼是定期定額、什麼是單筆投資。

定期定額是指在固定時間投入固定資金。對許多沒有時間或懶得看盤、盯盤、研究產業動態，或者手中銀彈不夠多的廣大散戶投資人來説，定期定額這種投資方式相對簡單、方便、無壓力，而且可以在個人能力範圍內，每個月挪出資金進行投資。

定期定額存股或投資基金都是以時間換現金，只要投資標的朝向預期的趨勢發展，不管扣款當日買在高點或低點，長期下來平均成本，獲利一樣可期。

單筆投資是指一次投入一筆資金。有人認為，在股價來到相對低檔的位置一次買進抄底，能賺取最大報酬，這是單筆投資的概念。找到合適標的一次買足，如果看準標的，就有機會獲取超額報酬。

問題是，就算是身經百戰的投資老手，也不敢妄言自己可以正確掌握股票買進、賣出時機點，一次投入資金

也代表面臨較高的風險，因為沒有人可以預知未來。

選擇定期定額或單筆投資，關鍵在於Beta值

若將定期定額與單筆投資的優劣勢整理成表格，就會像是表 1 這樣。至於是要定期定額還是要單筆投資？其實答案跟 Beta 值有關。

一般來說，Beta 值低的個股股價波動性很低，任何時間進場的買進成本都差不多，適合單筆投資，不過，這是指二擇一的情況下，如果你要定期定額也不是不可以；至於 Beta 值高的個股，股價波動性就很高，所以適合定期定額，之後用微笑曲線平均成本。

這個道理很簡單，假設大盤在相對高點的時候，一次單筆買高 Beta 股，股價接下來腰斬，甚至大跳水，多少人受得了？如果這段時間投入 100% 資產就更慘了，所以適合用定期定額。但如果是低 Beta 股，就算一次單筆甚至 100% 資產 All in，而長期趨勢它是走多的，我們就不用擔心短期內的風吹草動，等著看結果就行。萬一

表1 **定期定額適合投資經驗較少的新手**

定期定額vs.單筆投資

項目	定期定額	單筆投資
性　　質	固定時間投入固定資金	一次投入一筆資金
手　續　費	券商有定期定額優惠	券商折扣無定期定額高
風　　險	較低	較高
報　酬　率	波動度低	大好大壞
適合對象	1.投資經驗少的新手 2.沒時間關心行情的人 3.風險忍耐度不高的人	1.投資老手 2.風險忍耐度較高的人

大盤腰斬或大跳水，這種低 Beta 股的股價跌幅也不會太大，多數人比較容易承受起這種波動，如果可以搭配分批買進零股效果也不錯。但是，不論是定期定額還是一次買，都要挑選會成長的股票。

　　另外，相信有些人會想知道，行情下跌時，該存哪檔個股，上漲又該存誰？2 個思考點決定：1. 如果 2 檔股票都大跌，基本面、成長性都差不多，要存高 Beta 值的股票，因為它的漲幅有機會超越大盤。所以，如果行情走跌但是你有信心行情會反彈，就應該買高 Beta 股，但前提是，公司成長性要能維持；2. 行情上漲時想存股又

擔心風險,就存一些比較低 Beta 值的公司,萬一回檔你至少不會受傷太重。

知道股價大跌要買高 Beta 股,股價上漲要買低 Beta 股之後,以下我們來看看,不同 Beta 值的個股,它們定期定額與單筆投資的投資報酬率狀況,我們可以用卜蜂(1215)和中租-KY(5871)做說明。

範例1》 Beta值低:卜蜂

先來看 Beta 值 0.26 的卜蜂(註 1)。卜蜂過去飽受質疑的一點就是畜牧特性,導致股價及獲利容易波動,但公司配息其實很穩定。

◎定期定額》

假設投資人固定每年年初投入 3 萬 6,000 元買卜蜂

註 1:此為 2022 年 10 月的資料,由於個股 Beta 值會不斷變動,請以查詢當日資料為準,查詢方式詳見 2-2 文末圖解教學。

（等於 1 個月存 3,000 元），並維持 10 年（2012 年～2021 年）不間斷，股息再投入，那麼 10 年後這筆投資就會成長至 158 萬 8,000 元。這 10 年投入的本金為 36 萬元，故累計報酬率達 340%（年化報酬率 16%），成績非常優異。同期的元大台灣 50（0050）累積報酬率為 147.5%，年化報酬率 9.5%。

◎單筆投資》

假設小王 10 年前就知道卜蜂非常會賺錢，本來準備 36 萬元創業基金開雞排店，但害怕創業失敗，最終將 36 萬元一次性買進卜蜂，股息再投入。當時小王認為，雞排店的品牌可能會被淘汰，但大家愛吃雞排的需求總不會消失吧？結果 10 年後，小王持有的卜蜂股票市值來到 380 萬 8,000 元，累計報酬率 958.1%（年化報酬率 26.6%），是增加近 10 倍的超級報酬。同期的 0050 累積報酬率為 296.1%，年化報酬率 14.8%。

對照 2 種投資策略前，我們先來看看卜蜂過去 10 年的股價走勢吧。2012 年卜蜂股價在 15 元之間游走後獲利爆發，2021 年 6 月一度創下 10 年最高價位 86.8

元（詳見圖1），光是股價漲幅就將近 5 倍。

因此，定期定額及單次投入的股票市值成長分別為 3 倍以上及近 10 倍。更重要的是，我認為這個例子也能破除投資人認為低波動個股不會上漲的迷思，所謂低 Beta 的低波動是指跟大盤連動的程度及短時間內股價的起伏較小，但長期來看只要公司基本面成長，公司估值被提升，長期來看還是可以有非常好的投資報酬率。

定期定額與單筆投資 2 種投資方式的報酬率出現差異，關鍵在於持股成本。單次買入卜蜂的成本都在 15 元左右，定期定額只有前幾年成本在 15 元左右，近年成本則上看 80 元，所以兩者報酬率差了這麼多倍。結論是，卜蜂由於公司營運持續向上帶動股價反映身價，因此，2 種策略回測 10 年都能創下高報酬。

範例2》 Beta值高：中租-KY

看完低 Beta 股卜蜂之後，接著來看 Beta 值 1.33 的高 Beta 股中租 -KY。中租 -KY 是國內租賃龍頭，主要業

圖1 卜蜂2012年至2021年間股價漲幅驚人

卜蜂（1215）日線圖

註：統計時間為 2012.01.02 ～ 2021.12.30　　資料來源：XQ全球贏家

務是替中小企業提供融資或租賃服務。

◎定期定額》

如果 2012 年就把金融存股精神發揚在「類金融股」中租 -KY 上，每個月存 3,000 元，並在隔年的年初投入 3 萬 6,000 元，每年股息再投入，然後持續 10 年這樣的做法，那麼 10 年後這筆投資就會成長至 215 萬

元。這 10 年投入的本金為 36 萬元,故累積的報酬率高達 497.5%(年化報酬率 19.6%),等於市值成長約 5 倍。同期的 0050 累積報酬率為 147.5%,年化報酬率 9.5%。

◎單筆投資》

如果 2012 年對租賃略有研究,甚至知道中租 -KY 成立於 1980 年,且獲利成長至今,那麼你當時很可能願意單次投入比較大筆的資金。假設單次投入 36 萬元,那麼股票市值在 10 年後的 2021 年達到 720 萬 8,000 元,總累積漲幅達 1,902% 之多(年化報酬率 34.9%)。同期的 0050 累積報酬率為 296.1%,年化報酬率 14.8%。

結論是,無論定期定額或單筆投入中租 -KY,報酬率都非常亮眼。如果拉開 K 線圖可以發現,中租 -KY 在 2012 年年初的股價約 27 元,到 2021 年時已經成長超過 9 倍。要知道,10 年期間,股價在持續配股狀態下仍維持高速成長,那麼市值受惠股價向上而快速增加,其實不意外(詳見圖 2)。

圖2 中租-KY 2012年～2021年股價漲逾9倍

中租-KY（5871）日線圖

註：統計時間為 2012.01.02 ～ 2021.12.30　　資料來源：XQ 全球贏家

　總結來說，不管是定期定額還是一次買進，或是 Beta 值高低的不同，只要是長期營運成長的公司都能賺錢。但存股的過程其實遇到大回檔時最難熬，這也是為什麼我說高 Beta 股用定期定額買進的原因，當遇到大跌的時候，因為還會持續買進，因此比起一次投入的人只看到風險，你看到的是撿便宜的機會。

---⚭ 3-2 ⚭---

疑問2》掌握公司自結盈餘
有什麼好處？

存股族的第 2 個疑問是：「掌握公司自結盈餘，有什麼好處？」

價值投資之父班傑明・葛拉漢（Benjamin Graham）曾說：「投資股票時，你必須買得便宜不虧本。」然而價值投資學派最吸引人卻也最為人詬病的一點就是，所有人都同意「在價格低於價值的時候買進」，卻總是苦無策略精準執行。

市面上評估股價的方法千變萬化，常常搞得投資人暈頭轉向。但投資人其實可以不必那麼煩惱，因為台股中有不少每月自結盈餘的股票，有助投資人更快速、精準買在「現在合理價、未來便宜價」，萬一盤勢不佳，也

可以提早退場。

財報公布時才進場，股價可能已在高點

一般來說，評估股價價位時，參考「本益比」（Price-to-Earnings Ratio，PE）是最客觀、有效的方法。

本益比是估算買進股票後，多久可以回本的指標，公式為股價除以每股盈餘（EPS，註1）。從公式可以看出，影響本益比的2大關鍵因素在於「股價」及「EPS」，雖然散戶無法影響或控制股價，但可以運用EPS推算本益比高低，當股價落入設定的本益比區間時，就可以評估是否買進。

若你是價值波段投資者，必須參考財報公布日，避免股價因進出場當下受財報影響，導致投資策略失靈；若

註1：本益比又可分為2種：1. 歷史本益比：以當前股價除以過去12個月的EPS總額；2. 預估本益比：預估未來收益，可用來比較目前與未來收益間的差別。不過，預估未來EPS有難度，一般投資人難以精準掌握。

你是價值存股者，應避免在財報公布後才進場長期投資，一來是可能會買在股價高點，二來是若出現利空消息，股價將面臨下挫風險。

依規定，台灣上市（櫃）公司每季都會公布獲利，但公布時間通常會延遲 1 個半月至 4 個半月不等，這段時間差正是評估股價合理性經常失真的主因，因此，掌握「投資節奏」非常重要。那麼投資節奏應該要怎麼掌握呢？很簡單，就是找出會每月自結盈餘的公司，這樣一來，就能搶先在財報公布前得到相對準確的資訊。

問題來了，台灣有哪些公司會每月自結盈餘呢？基本上，像是金控業、租賃業等都會每月自結盈餘。那究竟應該多關注金控業比較好？還是將心力放在租賃業上比較好呢？

若將這 2 個產業相比可以發現，租賃業的本益比較金控股低，成長幅度又比金控股高，而且稅後淨利的成長率也比較高。但這不代表金控業不好，只是在選擇適合納入自組 ETF 的過程中，租賃業也許略勝一籌。以下列

出 2 檔租賃業每月自結盈餘的個股範例：

範例1》裕融（9941）

　　以裕融為例，「租賃式經濟」對民眾來說可能非常陌生，其實這種商業模式早已延伸到每個人的生活周遭。在強調「使用權而非所有權」的時代，裕融就是非常典型的受惠公司。

　　隨著租賃經濟蓬勃發展，裕融營收也不斷創下新高，在每月營收公布的同時，會提供自結單月 EPS。比方裕融在 2022 年 10 月就已經公布自結 2022 年前 3 季 EPS 為 9.53 元，而且當年因配發股票股利 1.7 元而讓股本膨脹 17%，但公司以「膨脹後股本」為會計基礎自結，因此 EPS 仍具參考性。

　　而且裕融公布 2022 年前 3 季 EPS 的時間領先財報公布日近 1 個半月，因為第 3 季財報通常是在 11 月中旬左右才會公布，屆時裕融已經在公布 10 月單月的自結 EPS 了。這樣的好處是投資人隨時可以用最即時的財報去估計股價的合理性，準確度較高。

範例2》中租-KY（5871）

另一檔租賃股中租-KY 通常會在每個月 25 日前後公布自結獲利。但什麼方式可以提早知道中租的每股自結盈餘？答案就是「稅後淨利率」。中租-KY 每個月都會在自己的官網上公布稅前淨利、稅後淨利等資訊，稍微動手整理一下，就可以算出長期以來稅後淨利率多維持在 33% 左右。之後只要中租-KY 每月的營收一公布，大概就能得到稅後淨利的數值，再將之除以股本就可以掌握中租最新的自結 EPS。

例如中租-KY 在 2022 年 8 月 10 日公布 2022 年 7 月份的營收是 74 億 3,800 萬元，經過計算可推估當月稅後淨利約 25 億元、EPS 約為 1.59 元。當同年 8 月 25 日中租-KY 公布真正的自結 EPS 為 1.64 元時，你早已領先市場 15 天知道這個財報，而且最終公布的數值跟預估值相差不遠。

2種運用公司自結盈餘的估價方式

除了透過自結盈餘等數據提早掌握進出時點，自結

EPS 特性還能方便投資人透過本益比釐清股價位階，判斷現在進場是買貴了還是買便宜了。

　　既然已經知道這些公司每個月會乖乖地繳出自結獲利的成績單，腦筋動得快的投資人，就可以利用最新的獲利計算目前公司的價位是否合理。畢竟想在股票市場賺到錢，手腳就是要比別人快！如果能夠預判公司目前的價位、提早上車享受被抬轎的快感，難道不是很棒嗎？在這邊就以裕融為例子，以下和大家分享 2 種常用的估值方式：

方式1》用近1年獲利評估本益比

　　通常台灣上市（櫃）公司前一年財報最晚會在隔年 3 月底全數公布，目前僅能以「近 4 季」EPS 評估股價合理性，若企業第 4 季衰退，你卻沿用前一年度的 EPS 估值，將導致誤判，很容易買到「現在合理價、未來昂貴價」的股票。

　　但如果你挑的是會自結 EPS 的股票，就可以領先季報公布日確認盈餘是否成長，以最新 EPS 估算本益比，並

以推估本益比與歷史本益比區間做比較,自然有助投資人快速掌握股價位階。

以 2022 年的裕融來說,當它 10 月 7 日(10 月 10 日雙十節放假,故公司提早公布)乖乖公布自結盈餘的時候,其實已經可以知道今年前 3 季的獲利數字是 9.53 元,你並不用傻傻等到 11 月 14 日公布財報再進行估值。

既然知道裕融 2022 年前 3 季 EPS 是 9.53 元,保守的投資人可以直接加計去年第 4 季 EPS 3.53 元,共計 13.06 元當作最新完整 1 年的獲利數字,因為租賃類股屬於有合約保護的公司,當年度如果成長,基本上接下來 1 季都會比去年全年好。

接著,我們可以參考過去裕融常態本益比區間約 12 倍～ 16 倍計算,是不是就可以得到 156 元～ 209 元之間的數字?這時候再對比最新股價,馬上就可以知道現在的位階和過去相比究竟是高還是低了。

另外一種方式也可以直接將當年度的 EPS 按照比例推

算全年，同樣是因為租賃業的當年度營收無景氣循環大變化，可以方便估算盈餘。但以裕融來說，因為2022年前3季有受到轉投資新安東京海上產險認列防疫險虧損的影響，所以推算全年的EPS為12.7元（＝9.53元÷3季×4季）是有比較低估。

方式2》用本益成長比積極估價

如果想更積極地估價，可以參考「本益成長比」（Price-to-Earning Growth Ratio，PEG Ratio）。本益成長比又稱動態股價收益比，最早由英國投資大師吉姆·史萊特（Jim Slater）提出，後來被美國傳奇投資人彼得·林區（Peter Lynch）發揚光大。本益成長比的計算方式是將本益比除以盈餘成長率（註2）。

這邊要提醒的是，在計算本益成長比時，多數時候我會傾向用EPS年增率來取代盈餘成長率，因為當個股如

註2：計算本益成長比時，盈餘成長率只取數字部分，例如A股票本益比20倍，稅後成長率20%，則本益成長比就是1倍（＝20倍÷20）。

果因為配發股票股利而膨脹股本時，EPS 年增率比較有考慮到股本變化的影響。

以中租-KY為例，2022年前3季EPS為13.31元（年增率21.7%）。如果我們把中租-KY的過去5年常態本益比8倍～12倍作為區間來利用的話，可以算出中租-KY常態的本益成長比會介於0.368倍～0.552倍。

基本上，本益成長比介於0.8倍～1.2倍之間，股價尚屬合理；本益成長比大於1.2倍表示股價相對偏高，本益成長比小於0.8倍表示股價相對偏低。既然中租-KY常態的本益成長比偏高的時候（0.552倍）仍遠低於0.8倍，那麼當用最新獲利推算出來的本益成長比又更低的時候，對公司股價位階的判斷是不是又更有幫助了呢？

不過阿格力也要提醒大家，不是每家公司都可以這樣計算，有會持續成長的公司才能用本益成長比進行評估，而景氣循環股就絕對不能用。此外，短期數據容易受總體經濟或大環境影響，如果擔心評估時間太短的話，可以將中長期數據作為盈餘成長率依據，如過去或未來5

年左右的時間區間。

如果是追求成長型的投資人，我建議 80% 的成分股挑選成長股或穩定成長股，20% 挑選穩定股；如果是追求穩定加上一點點成長性的投資人，我建議挑選 80% 的高息低波股，20% 挑選比較積極的股票。

如果你問我，成長跟穩定可否兼得？我會說「可以」。為什麼我喜歡民生必需股，就因為它兼顧穩定跟成長特性，一般的穩定股就是穩定股、成長股就是成長股，比較少穩定加成長，可是本書中我分享的生活類股多半都具有盈餘一直成長的態勢，這也是穩定成長股的優點，所以適合存股族。

—— ☽ 3-3 ☾——

疑問3》相同產業本益比
為什麼有高低之分？

存股族的第 3 個疑問是：「相同產業本益比，為什麼有高低之分？」3-2 提到本益比（PE）跟本益成長比（PEG），但是我發現，好像還是有投資人不太知道該如何善用本益比這個指標，所以這邊再和大家說明一下。

使用本益比指標應留意3原則

本益比是評估公司未來獲利能力的指標，僅適用具盈餘持續性、基本面穩定的公司。使用本益比為指標時要留意 3 原則：

原則1》本益比不是愈低愈好

如果公司每股盈餘（EPS）衰退，未來 EPS 可能更低，

本益比也會更低，所以本益比不是愈低愈好。很多公司跌到歷史本益比區間的低點，但如果當下的 EPS 是衰退且未來前景不明，那只能說可憐之人必有可恨之處，現在股價的低本益比可能就是未來的高本益比了。

原則2》要和過往自身的本益比做估值對照

不同股票有自己的常態本益比，是市場對股票的價格行情認定，所以跟過往自身的本益比做估值對照是相當重要的一件事。就像房子的實價登錄一樣，決定社區價格除了所在的地區外，社區本身的歷史行情也會影響買家未來的出價高低。

原則3》要和同產業不同公司的本益比做比較

如果同類股中的龍頭股本益比被調高，或者同業中有1檔個股本益比很高，時間久了會形成本益比靠攏現象，就有機會帶動同產業類股的本益比基準。因此，建議同時把同產業的不同公司納入本益比的觀察。

假設你買的公司本益比拉高，而同業也是如此，即代表估值產生變化。像 2020 年～ 2021 年台積電

（2330）的本益比，從過去歷史常態的 20 倍以下，一舉提升到 20 倍以上，就帶動了整體半導體類股的本益比。如果你有關注到這樣的產業趨勢，比較不會在持有此類股過程中覺得估值過高而提早賣掉。

　　舉例來說，租賃股裕融（9941）的股價在 2021 年 7 月突然飆破 140 元，但之前一段時間法人都沒有大買，6 月初的成交量甚至超低迷，這是什麼魔法？其實關鍵是裕融本益比低於同業，但成長性沒有比較差。

　　比較一下同產業其他個股的本益比走勢，大家會更清楚原因。2020 年 5 月，上市沒多久的和潤企業（6592），本益比約 18 倍，而當時的中租 -KY（5871）與裕融本益比僅約 10 倍。

　　前面說過，理論上，同業本益比會逐漸靠攏，租賃類股也確實出現這個現象，從圖 1 可以看出，2021 年 7 月時，和潤企業的本益比降低，而中租 -KY 跟裕融則是往上升。這就不難解釋為何 2021 年 7 月裕融股價會突然上漲，其實只是因為本益比跟同業靠攏而已。

圖1 同屬租賃產業的個股本益比出現靠攏現象
租賃三雄本益比走勢

和潤企業（6592）
中租-KY（5871）
裕融（9941）

單位：倍

2020.01 03 05 07 09 11 '21.01 03 05 07 09 11

註：2020 年 5 月之前和潤企業無資料；統計時間為 2020.01 ～ 2021.12
資料來源：財報狗

　如果投資人想要存股，那麼除了殖利率外，也可以比較個股跟同業的本益比，如果出現類似租賃族群本益比靠攏的現象（詳見圖1），就有機會股利、價差兩邊賺。綜合「租賃三雄」的本益比表現，再印證前面提到的「本益比3原則」，可以得出3個結論（註1）：

　1. 由於 2020 年到 2021 年這段期間，裕融 EPS 在

成長，所以本益比低不是壞事，因為公司不是因為獲利衰退導致本益比評價低。

2. 裕融過去 5 年常態本益比落在 12 ～ 16 倍，所以 2021 年年底的本益比 14.42 倍也不算高。加上裕融的本益比覆蓋率約 74.8%，代表本益比多數時間落在過去 5 年的本益比區間，這也代表裕融是一家本益比區間穩定的公司。裕融獲利穩定而且容易估計，每月都自結 EPS，本益比自然不會暴起暴落。

3. 同業本益比就不用說了，2021 年年底裕融的本益比 14.42 倍，而中租 -KY 的本益比 18.08 倍，兩者相差了大約 3 倍。如果公司成長性沒有比較差的時候，此時投資人就可以關注較低本益比帶來未來補漲，或者是遇到大盤回檔時抗跌的能力。所以，本益比高不一定壞，本益比低不一定好，重點是要了解本益比高低的原因。

註 1：由於和潤企業最晚掛牌，董監持股比率高於 60%，籌碼非常集中，加上申購期的搶購熱烈，剛 IPO（首次公開發行）時本益比已達約 18 倍，故本文主要教學以中租 -KY 及裕融舉例說明，歷史背景較相近。

釐清關於本益比的2個觀念

也有投資人問我：「為什麼中租 -KY 本益比會大於裕融？」從圖 1 可以看到，中租 -KY 的本益比在 2020 年開始拉開跟裕融的差距，至 2021 年年底，裕融的本益比 14.42 倍，而中租 -KY 的本益比為 18.08 倍，兩者約莫相差 3 倍，差距頗大。

但以當時已公布的前 3 季 EPS 來看，中租 -KY 2021年前 3 季 EPS 10.93 元（年增 22%），裕融前 3 季 9.43元（年增 43%），明明裕融 EPS 成長性更強，怎麼本益比落後這麼多？

在此，我先幫大家釐清幾個觀念：

觀念1》本益比高不一定壞、低不一定好
高本益比公司的優點在於「EPS 對應股價」。假設同樣都是 EPS 增加 1 元，根據本益比公式「股價÷EPS」，股價被提升的幅度就更大。例如中租 -KY 如果多 1 元EPS，根據本益比的推算會多 18 元的股價天花板，而裕

融則是 14 元。這就是為什麼某些大戶喜歡買高本益比
「成長股」的原因,因為盈餘變成股價的幅度更大,這
也是高本益比好公司的魅力所在。

　　從另一個角度看低本益比的好公司,優點是,如果長
期投資或者純領股利,CP 值確實比較高,而且當大盤回
檔的時候也比較不會被估值殺到吐血,但缺點是,以長
久報酬率來看,不一定好。如果 2 家公司的 EPS 成長性
一樣,高本益比公司就會享有比較大的報酬。

觀念2》搞懂本益比高的原因很重要

　　先想想本益比高這件事情是否合理。假設個股的本益
比高是有道理的,自然市場會給予比較高的本益比評價。
最簡單的評估方式之一就是「毛利率」,高毛利率比較
不怕利潤受外在環境影響遭到過多侵蝕,也代表企業競
爭力強,本益比自然就高。

　　若拿裕融跟中租 -KY 相比,中租 -KY 毛利率超過
70%,而裕融則是 50% 左右,自然本益比就有差距。
且從圖 2 可以看出,中租 -KY 毛利率拉高的時間點就在

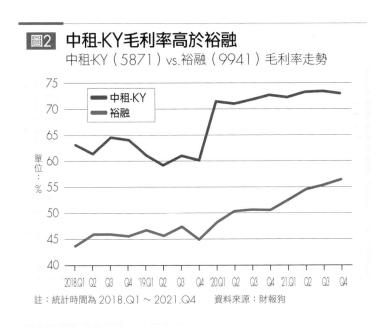

圖2 中租-KY毛利率高於裕融

中租-KY（5871）vs.裕融（9941）毛利率走勢

註：統計時間為 2018.Q1 ～ 2021.Q4　　資料來源：財報狗

2020 年，這也難怪之後中租 -KY 的本益比會開始大幅攀升，超越裕融。

此外，中租 -KY 是 0050 成分股且外資持股比率超過 70%，故 ETF 的被動買盤跟外資的動向都會讓中租 -KY 的本益比，相對於市值小很多且外資持股僅個位數白分比的裕融還要高。

本益比高低沒有絕對好壞，關鍵在於投資動機

從租賃三雄之間的本益比變化與比較，投資人可以更好地善用本益比這個指標，即使在相同產業別中也可以按照這些原理原則判斷出合適的標的。最後，延伸本益比概念，對於租賃三雄，我提出 2 點觀察作為讀者判斷其他產業的範例：

觀察1》留意龍頭中租-KY股價是否強勢

對於租賃類股來說，龍頭中租 -KY 的股價表現很重要，因為它決定了租賃類股的整體本益比評價能否提升。所以在投資任何產業時，如果想要除了股利以外也能享受市值的成長，觀察所屬產業龍頭的本益比估值是否正處於上升趨勢，就可以了解市場未來是否願意給此產業其他類股更高的估值。

觀察2》根據每月自結EPS動態調整本益比

以裕融 2022 年前 3 季自結 EPS 13.31 元為例，由於租賃業的每季 EPS 相當穩定，我就會初步推估全年為 17.74 元，來推算出當前股價的潛在本益比，接著跟過

去這家公司過往 5 年本益比區間的 8 倍～ 12 倍相較，就可以知道當前應該要積極加碼還是停看聽。我們可以根據公司每月自結 EPS 動態調整，自然就知道當前的本益比對照歷史區間是高或低。補充說明的是，比較保守者可用當年度前 3 季加上去年第 4 季，這樣是假設第 4 季不成長，留一點安全邊際來估算。

　　本節內容客觀解說高本益比的原因，建議投資人可以用我提到的觀念與邏輯檢視其他類股，同時調整自己的投資思維。因為本益比隨時在變化，高本益比還是低本益比好，重點都是先看「原因」及「公司成長性」。

　　盤不好時，中租 -KY 的本益比可能跟著裕融縮小，因為估值高容易在壞盤時被外資提款（中租 -KY 本身外資持股超過 70%，裕融不到 5%）。盤好的時候也可能變成裕融本益比跟隨著中租 -KY 被市場提升，了解產業與個股的股性，可幫我們在特定的時機選合適的公司存。

　　長期投資者如果在乎估值修正風險跟 CP 值，低本益比而且有成長性的公司當然值得追蹤；波段操作者如果

在意股價的活潑性跟法人的關愛度，高本益比的成長型
公司比較具備這樣的特質。簡單來説，本益比沒有絕對
的好壞，只是適不適合投資者心態罷了。

─── 3-4 ───

疑問4》成長股
為什麼不能用本益比估價？

───────

存股族的第 4 個疑問是：「成長股，為什麼不能用本益比估價？」不少投資人習慣用本益比評估股票價格合理與否，買貴或買便宜，其實不然。

前面有提到，本益比高低沒有絕對好壞，端看投資人在意的點是什麼。有些公司本益比高達 30 倍，有些連 10 倍都不到，主要是因為市場預期高本益比的公司未來獲利仍有可能大幅成長，看重的是未來性與成長性。

換句話說，對於成長股來說，現在的昂貴價格可能是未來的合理價，所以，就算本益比已達 30 倍，股價頂到天花板，未來股價仍有可能飆到外太空，只要公司持續成長與獲利，那麼即使股價逢高都還是買點。

成長股可以用本益成長比評估合理價

那究竟成長股該怎麼估價呢？成長股投資大師吉姆‧史萊特（Jim Slater）在著作《祖魯法則》中提到，本益成長比（PEG，公式就是「本益比除以盈餘成長率」）是發掘小型成長股的絕佳指標。

但我在 3-2 有提過，在計算本益成長比時，我會將分母置換成 EPS（每股盈餘）年增率，這樣可以考量到如果股本膨脹的狀態來反映盈餘對於 EPS 的影響。

舉例來說，連鎖藥局大樹（6469）就屬於本益比很高的高本益比成長股，在 2022 年年初股價已到 200 元、本益比 25 倍左右時，我還是敢買，就是因為看好它的未來成長性。

以通路股來說，本益比高於 25 倍很容易被認為「過熱」，而一般價值型投資人喜歡投資本益比 20 倍以下，甚至 15 倍以下的個股，要投資人走出「舒適圈」，可能需要梁靜茹給「勇氣」。

表1 本益成長比大於1.2倍，股價相對偏高

本益成長比區間對應的股價合理性與決策方向

本益成長比（倍）	股價合理性	決策方向
<0.8	相對低估	可進一步評估買進
0.8～1.2	尚屬合理	搭配本益比與殖利率考量
>1.2	相對偏高	留意成長趨緩風險

　　而大樹在我買進之後，股價一路漲到263元，網友問我為什麼還不賣？說本益比已經高達45倍了。原因是2021年大樹EPS年增率56%，算下來，本益成長比是0.8倍。

　　基本上，本益成長比介於0.8倍～1.2倍之間，我認為股價尚屬合理；小於0.8倍，股價相對被低估，可進一步評估買進；大於1.2倍，股價相對偏高，成長的估值都已反映到股價上了（詳見表1）。

　　當時我買大樹的目的就是為了資本利得，我看的是未來，而台灣連鎖藥局市占率20%，跟美、日市占率50%相比還有很大的成長空間，加上大樹法說會宣告的展店

目標在近幾年確實有達標，所以就算當時本益比驚人地高，但以本益成長比的角度來看，我還是願意繼續持有。因此，本益成長比是買成長股時很好用的一個指標。

不過，重點來了，針對「成長性」，投資人要特別注意 2 件事：

1. 公司未來獲利會不會持續成長？只有公司未來獲利會持續成長，使用本益成長比才有意義。

2. 用本益成長比評估每一檔個股，得出的數字都很低，但是這有意義嗎？好比我去年考 30 分，今年考 60 分，成長 100%，但不代表我就是資優生，重點要看未來會不會持續成長，如果今天成長到 60 分，而且之後有機會考到 90 分，才能用本益成長比來評估我的實力，評估公司的成長性也是如此。

此外，我也建議景氣循環股不能使用本益成長比，唯有一些你研究過產業會持續成長的公司，才比較適合用這種估值方式。通常成長階段的公司都很適合，因為這

些類股如果用本益比去看，會覺得估值過高，但事實上不同階段的公司需要不一樣的估值方式。

在使用本益成長比時，投資人至少要評估公司今年會不會持續成長。延續前面大樹的案例，如果當時我評估今年第 1 季大樹的 EPS 年增率是 60%、70%，代表股價可能還有成長空間，所以要看持續性。截至 2022 年上半年為止，大樹有 268 家分店，在 2016 年剛上櫃時才 59 家店（當年年底來到 67 家），公司目標在 2025 年展店到 500 家，所以成長結束了嗎？要用本益比估值還是本益成長比才適合呢？我想答案大家都知道了吧！

雖然大樹之後會如何發展我們還不知道，但我們可以用回測的方式來看，如果投資人分別用定期定額及單次買入的方式投資大樹 5 年（大樹上櫃至今不滿 10 年，故用 5 年計算），投資報酬率如何？

◎**定期定額》**

假設每個月存 3,000 元，連續 5 年在年初單次投入 3 萬 6,000 元，且股息再投入。回測 2017 年到 2021

年的 5 年期間，股票市值累積達 80 萬 1,000 元，以本金總投入 18 萬元來計算，累計報酬率達 345.1%（年化報酬率 34.8%）。同期的元大台灣 50（0050）累積報酬率為 80.5%，年化報酬率為 12.5%。

◎**單筆投資》**

假設 2017 年決定單次投入 18 萬元，股息再投入，5年後股票市值會來到 121 萬 8,000 元左右，累積報酬率約 576.7%（年化報酬率 46.6%）。同期的 0050 累積報酬率為 138%，年化報酬率為 18.9%。

投資大樹這檔成長股，無論是定期定額累計報酬 345.1% 或單筆買進的 576.7%，報酬率都是難得一見，這就是存成長股的魅力。如果懂得估值方式，就會讓別人眼中的昂貴價成為你心中的合理價，而公司的持續成長會讓現在的合理價成為未來的便宜價。

───── 3-5 ─────

疑問5》持股遇到獲利大衰退 該走還是該留？

　　存股族的第 5 個疑問是：「持股遇到獲利大衰退，該走還是該留？」回答問題前先來聊聊櫻花（9911）這檔個股。我曾跟投資人提到，因為原物料在 2021 年漲太多了，預期櫻花在 2022 年的股價表現不會太好，因為 2021 年下半年的毛利率和每股盈餘（EPS）應會受到原物料侵蝕成本而衰退。

　　後來確實如此，櫻花的毛利率從 2020 年的 36.84% 下跌至 35.52%，且雖然 2021 年櫻花全年 EPS 是 4.62 元（年增率 13.2%），但其實下半年的 EPS 都是年衰退。

　　這時候存股族該害怕衰退還是相信公司呢？答案是要相信自己的產業研究！

為什麼我會這樣說呢？原因很簡單，2021 年時，我買了一台 1 萬 3,000 元的櫻花熱水器，結果 2022 年換新房子，觀察同一款熱水器，沒想到售價變成 1 萬 6,000 元。這代表櫻花因為原物料漲價的關係，將產品售價也調漲了，而產品售價調漲意味著櫻花的毛利率有機會提升。

所以我想問問大家，因為原物料上漲而侵蝕的毛利率，會掉一輩子嗎？不會。而這故事也告訴我們，好公司 EPS 衰退的時候，只要知道原因，投資人自然知道現在是要加碼還是要減碼。

前面是單就櫻花的表現做分析，那如果投資人在 2021 年原物料上漲前，手中持有櫻花這檔股票，而且有獲利，在知道櫻花 2021 年毛利率下降這件事情，而且看到股價往下掉時，要不要跑？我的判斷是，不用，因為櫻花 2021 年表現不佳是成本波動暫時的影響。

事實上，櫻花在國內熱水器或瓦斯爐市占率多年來都超過一半以上，加上產品價格有調升反映成本，等原物

料價格下降不就變成利差入手嗎？而且，櫻花的產品愈來愈多樣化也愈來愈貴，比方數位恆溫的功能，跟過去傳統熱水器不可同日而語，這表示櫻花也開始朝我們之前講的營收堆疊性特質邁進了。之後如果原物料市場恢復穩定，櫻花的毛利率未來應該會愈來愈好，當然 EPS 也不會差。所以，如果你手中的持股出現獲利衰退，我建議先找原因，再決定去留。

找出造成財報數字衰退的關鍵原因

除了股價表現以外，投資人也要留意公司發布的年報、半年報、季報等財報資訊。分享我的經驗，2021 年第 2 季財報陸續公布時，我發現成長的公司不少，但也出現手中持股財報衰退的情況，這時該怎麼辦？

首先，我會先定義自己的投資目的，再決定如何處理持股。假設我是「波段或短線操作」，發現公司 EPS 表現不如預期時，當然就先停損，與其套牢的時間拉長，不如小賠認輸，將資金移到別的成長公司；反過來說，如果我是「存股或長期投資」，看到公司 EPS 表現不如

預期時，我會觀察「單次性」或「持續性」。

例如過去電信業者 EPS 衰退原因是削價競爭，每年 EPS 愈來愈少，股利也愈來愈縮水，我就不會想持有這種持續衰退的產業類股。但假設 EPS 衰退是因為「原料成本上漲」、「業外投資單次認賠」，或者是「受新冠肺炎（COVID-19）疫情影響」，我知道這種狀況只是一時的，產業與公司本質不變，我就會繼續存股。

再來，需要思考的是成本高低。假設我是存股，遇到一次性的 EPS 衰退，我一定會繼續存嗎？答案是一半一半，這取決於我的持股成本。假設一家公司股價 100 元，EPS 衰退了，可能跌到 90 元，而我的買進成本僅有 70 元，當然可以續留，因為投資最大原則就是不傷害本金；但如果我的成本是 95 元，可能考慮小賠先賣，畢竟成本較高，安全邊際有限。

假設不想賠錢賣股，我會問自己是不是打算分批存股。如果是一次性買進，錢用光了，考慮換股會實在一點。不過，如果是好公司遇到倒楣事，我又剛好是分批買進

執行定期定額，股價下跌只是讓我買進更多股數而已，我就會繼續存股。

持股獲利走弱時留意4件事——以大成為例

所以，遇到持股獲利衰退，建議投資人考慮以下幾件事再做出決定：1. 投資目的；2. 一次性還是持續性衰退；3. 長期投資或短期投資；4. 後續是否有銀彈支援。

以下我以食品股大成（1210）的財報為例，分享我的操作經驗。

2021年大成公布了半年報，第2季EPS為0.51元，2020年第2季EPS為0.94，年減率達45.7%：2021年上半年EPS為1.52元，2020年上半年EPS為1.66元，年減率達8.4%。

按照前面說的思考邏輯，遇到這種財報要先分辨是「一次性」還是「持續性」炸裂。為什麼大成會炸？因為毛利率大幅衰退，而非公司本業有問題，所以，不是持續

性的產業衰退問題。

　為什麼不是本業有問題？因為大成 2021 年上半年營收創當時的新高，所以本業當然沒問題。檢視財報數據可以發現，大成 2020 年第 4 季的累計營收年增率是 4.99%，EPS 是年增率 36.2%；2021 年第 1 季累計營收年增率是 23.49%，EPS 是年增率 40.3%；最後是 2021 年第 2 季營收持續創高，累計營收年增率 32.74%，但 EPS 卻崩潰炸裂（詳見表 1）。

　營收跟盈餘的巨大落差原因是什麼？答案是毛利率，毛利率對公司來說是機會，也是風險。以季度來說，由於原物料價格跟庫存之間的平衡難以估計，使得飼料公司的毛利率會隨之跟著波動。

　舉例來說，飼料公司最初買了便宜的原物料，之後原物料價格上漲，飼料公司跟著調漲飼料價格，自然拉高毛利率（因為買進的原物料比較便宜），出現 EPS 年增率大於營收的狀況。之後，便宜原物料用光了，飼料公司只能買進高價原物料，這時候就會導致毛利率減少。

表1 大成2021年Q2 EPS累計年增率為負值

大成（1210）EPS與累計營收年增率

季度	EPS（元）	EPS年增率（%）	累計EPS（元）	EPS累計年增率（%）	累計營收年增率（%）
2020.Q4	1.05	72.1	3.99	36.2	4.99
2021.Q1	1.01	40.3	1.01	40.3	23.49
2021.Q2	0.51	-45.7	1.52	-8.4	32.74

資料來源：XQ全球贏家

　　最慘的狀況是，飼料公司買了高價原物料後，原物料開始降價，如果產品受影響而降物價，公司又還有高價原物料庫存，毛利率更慘。大成的狀況就是如此，過去11年毛利率常出現連續下滑好幾季的狀態（詳見圖1）。由於這種產業的確會有毛利率波動循環，所以投資這類標的也要留意產業生態，才不會因為一次大衰退而誤判情勢。

　　不過，從歷史資料研判，大成毛利率在2011年～2020年來呈現成長狀態，這代表公司的確試圖透過產品組合與成本控制，例如加工食品比重的增加，盡量減少全年度的毛利率衝擊。毛利率變化讓季度EPS可能大

跌，也可能大賺，想知道本業是不是出現變化，觀察營收有沒有成長即可。

　　總結來說，大成財報衰退不是因為公司本質改變，而是因為飼料業正常的產業循環。只是，波段投資人並不樂見這種狀況，因為對短期股價會有負面影響；反過來說，存股族會比較喜歡這種標的，特別是執行定期定額的存股族，因為成本有機會下降。

　　不過，當發生像 2021 年這種原物料價格大幅上漲的狀況，我是選擇先換股存，因為所謂打造自己的 ETF，就是要像元大台灣 50（0050）一樣需要調整成分股，汰弱留強是重點。而我們從前面的分析可以知道，大成接下來幾季表現都不會太好，也會影響來年股利，所以乾脆換股到正在成長的存股目標，這樣反而能增加整體資產的成長與股利的穩定。

　　當然，如果有人持續存大成，這也是沒有錯，因為他可能對其他公司不了解，貿然就換不熟悉的公司存也不一定是好事，只要他知道大成需要的只是時間恢復盈餘，

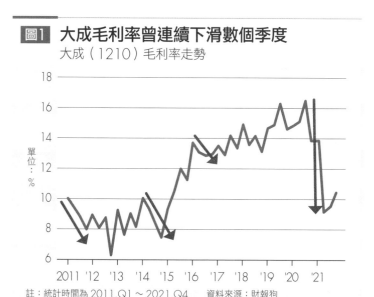

圖1 大成毛利率曾連續下滑數個季度

大成（1210）毛利率走勢

單位：%

註：統計時間為 2011.Q1 ～ 2021.Q4　　資料來源：財報狗

那持續買進也是一個降低持股成本的好機會。

回首當初換股這個決定，其實一點都沒有錯，因為大成的 EPS 在 2021 年第 2 季陷入衰退之後，一直連續衰退了 4 季才在 2022 年第 2 季重返成長軌道，而股價也比當初賣出時還低。當看到盈餘重返成長，知道產業的正循環又要回來了，這時候再存不也是很好的時間？

還是老話一句，存股要像 ETF 一樣，擇優除弱，整體的資產與股利穩定性，勝於長抱個股才是存股的迷思。最後思考一下，大家能接受 ETF 調整成分股，為什麼不能理解自己的存股組合也需要調整呢？

存股看似簡單，想要提高投資績效，還是少不了多做功課。除了前面提到的選股策略、操作邏輯，買進後持續做「投資後管理」，追蹤公司的營運狀況才是存股「最佳解」，而不是只存不賣的不合理執著。在這我要提醒投資朋友：投資就是盡量了解公司，做好資金分配，不要影響生活，最後對自己負責，才能持盈保泰。

Chapter**4**

精選優質標的

―――――〰〰 4-1 〰〰―――――

聯華》營收來源多元化
支撐公司穩健成長

　　前面的章節已經點出存股前的準備工作有哪些，包含選股的原理原則，接下來我將針對具有多元營收特色的存股標的，以實際案例帶著投資朋友體會生活類股的「超強存股力（利）」，就從聯華（1229）說起。

業外轉投資獲利挹注整體營收

　　1955 年成立的老牌食品類股龍頭聯華，全名是「聯華實業投資控股股份有限公司」（註1），自 1976 年

註1：聯華麵粉廠於 1952 年設立，之後 1955 年改組登記為「聯華實業股份有限公司」，2019 年轉型更名為「聯華實業投資控股股份有限公司」。

上市以來，業績表現有目共睹，這檔個股也在我給兒子的存股清單中。

　　除了經營本業有成之外，聯華的成功關鍵在於轉投資。聯華旗下到底有多少關係企業？從聯華的年報和官網來看，大致可分為資訊通路、食品、不動產等 3 大項目，包含神基（3005）、神達（3706）、聯強（2347）、神通（已停止興櫃）、聯成化學（1313，股名：聯成）、聯華氣體（註 2）、聯華置產、聯華製粉等，這些事業體的獲利都會成為聯華的合併營收。

　　若從聯華的投資架構來看，大家都知道的聯華氣體、聯成、聯華液化石油氣等都被劃分在轉投資事業體，而聯華置產、聯華製粉等則歸屬於子公司，所以當麵粉原料高漲時，有投資人擔心會影響聯華的營收，其實這只是假議題而已。從本業及業外轉投資架構圖可以看出，

註 2：聯華氣體於 1965 年設立五堵及嘉義氣體廠，1985年與英國氧氣公司（BOC）合資成立「聯華氣體」，2011 年以「聯華林德」繼續提供服務。

投資人多慮了，因為麵粉對盈餘的貢獻在聯華目前的集團規模中，只是九牛一毛（詳見圖 1）。

就我在 2022 年 7 月觀察到的情況來看，聯華 2022 年第 1 季代表本業收入的營業淨利是 2 億 800 萬元，而營業外收入為 12 億 2,200 萬元（轉投資認列 10 億 2,500 萬元），約是本業淨利的 6 倍之多。

誇張地說，就算聯華的本業收益全部都跟麵粉事業同時炸裂，或許其他的轉投資收入還撐得起集團財報；反過來說，若是本業突然出現爆發性成長，投資人也不用太 High，因為只要轉投資狀況不好，每股盈餘（EPS）就不可能好看到哪裡去。

統計近 2 年（2020 年第 2 季～ 2022 年第 1 季）聯華本業與業外的淨利狀況，每季的業外淨利率都高於本業淨利率，代表轉投資事業體的確是聯華的主要收益來源（詳見圖 2）。雖然本業營運面同樣重要，但以整體獲利貢獻度來說，轉投資的聯華氣體和聯成化學顯然更值得追蹤。

圖1 石化業子公司是貢獻聯華盈餘的關鍵

聯華（1229）本業及業外轉投資架構圖

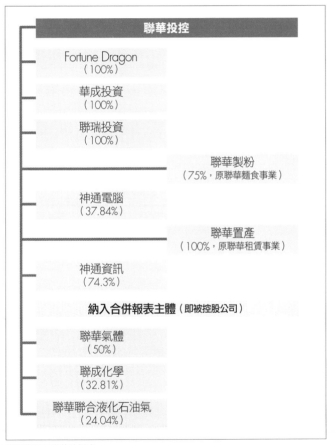

資料來源：聯華法說會

就聯華 2022 年第 1 季旗下事業體的損益狀況來看，雖然聯華製粉在第 1 季虧損近 3,000 萬元，但以本業淨利 2 億元來說，這點虧損真的沒什麼，只占本業的 15% 而已。再看轉投資部門，聯成在 2022 年第 1 季貢獻母公司 3 億 1,400 萬元的投資損益，而聯華旗下的華成投資持有聯成股權 0.36%，認列 348 萬元，合計貢獻聯華 3 億 1,700 萬元的投資損益。

至於國內工業氣體龍頭聯華氣體第 1 季貢獻 4 億 1,100 萬元，福龍公司轉投資的「Boc Lienhwa」代表中國工業氣體事業則認列 2 億 8,500 萬元，因此，工業氣體合計貢獻聯華 6 億 9,600 萬元的投資損益。

雖然過去聯華獲利面非常仰賴聯成，但從近期營運發展來看，當工業氣體事業超車聯成貢獻成為常態後，聯華的獲利就有機會愈來愈穩健。

聯華氣體、聯成為旗下2大金雞母

值得一提的是，聯華旗下 2 大金雞母：聯華氣體和聯

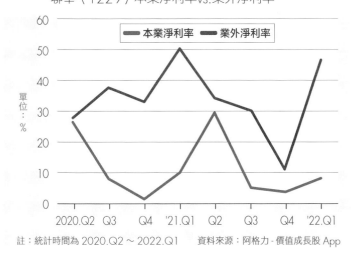

圖2 聯華近年業外淨利率明顯高於本業淨利率

聯華（1229）本業淨利率vs.業外淨利率

單位：%

註：統計時間為 2020.Q2 ～ 2022.Q1　　　資料來源：阿格力 - 價值成長股 App

成。聯華氣體是國內工業氣體龍頭，供應半導體、醫療甚至食品等不同產業所需氣體，甚至連新能源之一的氫氣都有布局，產業交集性極強，成為聯華目前分量最重的金雞母，台灣半導體產業向上也帶動聯華氣體營收持續創新高。

　　而聯成為兩岸最大的可塑劑及苯酐製造商，營收具

有相當明顯的景氣循環特性。根據法說會資料，聯成
2021 年第 1 季至第 3 季累計總銷售額達新台幣 601
億元，比去年同期增加 71%。聯成的主力獲利來源就
是可塑劑 DOP，占比達 70%，基本上投資人只要緊盯
DOP 報價，大概就能推測公司季報好壞了。

比方 2021 年 11 月、12 月，DOP 報價分別下跌
11.14%、12.72%，難怪當年聯成第 4 季虧損，並拖累
聯華 EPS；2022 年第 1 季 DOP 報價上漲，尤其 1 月
報價直接上漲 16.88%，所以聯華第 1 季 EPS 再度成長。

若將聯成、聯華氣體本期認列之投資損益和聯華的
EPS 放在一起比較，可以發現，聯華 EPS 會受到聯成和
聯華氣體的獲利影響。

聯華最高單季 EPS 是 2021 年第 2 季的 1.18 元，主
要因為可塑劑 DOP 報價衝高，帶動聯成獲利相對高檔，
而聯華氣體獲利也穩健創高。

2021 年第 4 季聯成再次炸裂，虧損 2 億 9,200 萬

圖3 **主要業外收益將左右聯華獲利狀況**

聯華（1229）主要業外收益與EPS對應關係

註：1. 聯成本期認列之投資損益包含聯成和華成的投資損益、聯華氣體本期認列之投資損益包含聯華氣體和「Boc Lienhwa」的投資損益；2. 統計時間為2020.Q3～2022.Q1　　資料來源：聯華財報彙整

元，所幸聯華氣體獲利持續創高，彌補了虧損部位，因此 EPS 繳出 0.33 元的縮水成績。2022 年第 1 季 EPS 為 0.91 元，主要因為聯成滿血回歸，加上聯華氣體持續成長帶動，帶領聯華重新取得獲利高成長佳績（詳見圖 3）。由此可知，想追蹤聯華獲利，重點在聯華氣體及聯成的營運狀況，本業狀況不用操心太多。

當好公司獲利衰退，可趁虛而入找買點

其實我在學生時期就在研究聯華，當時公司獲利早就不是以麵粉為主，而是靠聯成獲利決定母公司 EPS。近年則受惠於半導體興起，聯華氣體的工業氣體生意大好，盈餘在 2021 年超車聯成，成為貢獻集團獲利最多的金雞母，也等於讓聯華多了 1 顆獲利引擎。

你知道聯華多早開始布局這些事業？聯華麵粉本業在 1952 年設立，聯華氣體成立於 1965 年，聯成則是 1976 年集團轉投資。如果公司派只靠麵粉事業營運到 2022 年，沒有持續找尋新趨勢，切入轉投資，可能 70 年後會是虧損的局面。

不過對 2022 年的聯華來說，麵粉虧損一點也不重要，因為「麵粉王」早就進化成「工業氣體、可塑劑雙冠王」了。這樣的神轉折，就跟股神巴菲特（Warren Buffett）操盤的波克夏控股（Berkshire Hathaway）一樣。波克夏原本是紡織業起家，但股神早就砍掉虧損連連的紡織本業並轉型成控股集團，投資人現在還會因為紡織業蕭

表1 聯華2016年～2021年現金股利皆逾1元

聯華（1229）營運狀況

年度	2016	2017	2018	2019	2020	2021
EPS（元）	2.37	3.11	2.35	2.51	2.43	2.92
EPS年增率（%）	49.10	31.20	-24.40	6.80	-3.20	20.20
盈餘分配率（%）	88.60	90.00	89.40	127.50	111.10	78.80
現金股利（元）	1.60	1.80	1.60	1.60	1.70	1.80
股票股利（元）	0.50	1.00	0.50	1.60	1.00	0.50
主要營運事業	麵食、系統整合服務、投資、租賃、通路					
產業地位介紹	台灣最大麵粉廠					

註：1. 表中年度為股利所屬年度；2. 盈餘分配率包含現金股利與股票股利的盈餘分配率
資料來源：Goodinfo! 台灣股市資訊網

條而擔心波克夏的獲利狀況嗎？我想是不會吧。

從前面敍述你就可以知道，光是聯華投控一家公司就等於1檔ETF，這麼説不誇張。如果你想存股聯華，有個不錯的觀察點，那就是聯成表現差的時候趁虛而入。

為什麼只觀察聯成而不觀察聯華氣體？一方面是因為從圖3可知，聯華氣體近期每季獲利數字都節節高升，2020年第3季氣體貢獻4億2,000萬元，2021年年底已經攀升到6億元，近50%的成長率，未見低點。

另一方面則是聯華與聯成股本相近（聯華股本 141 億元、聯成股本 135 億元），而聯成是聯華持股 32.81% 的子公司，這代表，如果聯成獲利衰退，對聯華會有明顯影響。因此當聯成衰退時，反而是存股族趁虛而入的時候。

想撿便宜，不在子公司處於景氣循環低潮時把握，難道要等景氣高峰才追嗎？這就是產業研究的意義，讓別人眼裡的危機，成為你難得的機會。由於聯成獲利雖然會因為其景氣循環的特性而有大起大落的特性，但是營運本質沒有改變，所以當聯成拖累聯華時，我才會說是機會而非風險。

不過要留意的是，聯華主要獲利來自轉投資的子公司，所以觀察 EPS 可以看稅前淨利率（因為包含了業外的損益），不看毛利率與營業利益率。至於聯華的股利政策多年來都走穩定路線，所以也進駐我的存股名單（詳見表 1）。

總結來說，聯華主要從麵粉起家，同時經營神通集團

及聯強通路等事業體，轉投資主要有聯華氣體、聯成化學及聯華聯合液化石油氣等事業體，所以整個集團可以說是一檔小型 ETF。

我將聯華歸類為平衡型存股，除了擁有多元營收來源，公司可以維持成長，又能長年不間斷地發放股利，是值得關注的投資標的。

聯華（1229）存股優劣勢

存股優勢

1. **基金型態**：公司事業體布局多元，承受黑天鵝的體質更好。

2. **長期獲利穩定**：多年穩健獲利，配息配股不間斷。

3. **股性牛皮**：Beta 值低，不易受大盤影響。

存股劣勢

1. **獲利受景氣影響而波動**：主要獲利來源是石化事業體，起落明顯，導致整體獲利隨景氣出現不定期衰退。

2. **不易出現 EPS 大增**：由於股本持續膨脹，即使單一事業體獲利爆發，也不容易帶動整體 EPS 大增。

―――― ⌒⌒ 4-2 ⌒⌒ ――――

崇友》獲利來源非單一銷售
營收具備「堆疊性」

　　在前面的章節我們有提到「營收堆疊性」，在我自己的存股裡面多數是這樣的公司，而其中最具備這樣特性的莫過於電梯公司的崇友（4506）。

　　因為電梯主要的獲利來源並非單一次的銷售，而是電梯售出後的汰舊換新銷售，以及每年保養保修服務。就好像你們家的電梯使用多久，電梯公司就賺多久，這種生意模式不正是存股永續的最佳範例嗎？

　　台灣的崇友公司旗下有 3 大品牌：

　　1. **堅尼西斯（GENESIS）**：為自有品牌，以中高端客製化為主，需求度高，電梯運行速度 150 米／分～

240米／分。

2. **崇友實業（GFC）**：為自有品牌，以中低端市場的電梯為主，電梯運行速度在 120 米／分以下。

3. **日本東芝（TOSHIBA）**：為代理品牌，以中高端客製化為主，需求度高，電梯運行速度 105 米／分～240 米／分，它們默默存在於你我的生活中。

很多人可能會覺得做電梯的公司不好，但是攤開財報可能會讓大家跌破眼鏡，崇友 2014 年的每股盈餘（EPS）是 1.82 元，2021 年 4.39 元，短短幾年而已居然大成長。財報成長的結果就是現金股利愈發愈多，從 2014 年（股利所屬年度）的 1.5 元來到 2021 年的 3.2 元（詳見表 1），而且上櫃 24 年來持續配息。

崇友這麼賺錢的公司，是屬於穩定股、成長股，還是穩定成長股？它是穩定成長股！不過，看到公司獲利成長，也要思考為什麼成長？會不會持續成長？這件事很重要。

表1 崇友2014年～2021年現金股利成長逾1倍

年度	2014	2015	2016	2017
EPS（元）	1.82	2.47	3.17	4.40
EPS年增率（%）	15.20	35.70	28.30	38.80
盈餘分配率（%）	82.40	68.80	69.40	70.50
現金股利（元）	1.50	1.70	2.20	3.10
股票股利（元）	0	0	0	0
主要營運事業	電梯、勞務、發電機			

註：1. 表中年度為股利所屬年度；2. 盈餘分配率為包含現金股利與股票股利的盈餘分配率；3. 統計

營收成長動能主要有2種

就崇友而言，營收成長動能主要分為「汰舊換新銷售」和「維修保養收入」2種。

營收成長動能1》汰舊換新銷售

從法說會資料來看，崇友新電梯銷售台數雖有變化，但是落差很小（2014年是1,710台，2021年是1,854台，成長8%），變化主要來自於新建案數量。如果今年房子蓋得比明年多或少，新電梯需求量當然會有一些落差，但我們要多關注的重點是「汰舊換新」。

崇友（4506）營運狀況

2018	2019	2020	2021
3.63	3.84	4.10	4.39
-17.50	5.80	6.80	7.10
71.60	70.30	73.20	72.90
2.60	2.70	3.00	3.20
0	0	0	0
產業地位介紹	台灣前3大電梯製造商		

時間為 2014 年～ 2021 年　　資料來源：Goodinfo! 台灣股市資訊網

從圖 1 可以看出，崇友汰舊換新的台數愈來愈多
（2014 年是 220 台，2021 年是 470 台，翻了 1 倍
多），這是趨勢，代表汰舊換新的需求愈來愈高。主要
因為台灣有很多老舊電梯，尤其是台北市，這類需求就
能化為崇友的營收成長動能。

營收成長動能2》維修保養收入

此外，電梯需求不光來自於住宅，還有廠辦。崇友
2018 年廠辦占整體電梯銷售的 3.25%，2021 年已經
翻倍來到 7.79%，顯見產品需求緩步上揚，說是細水長
流也不為過，也難怪崇友可以連續配息 24 年不間斷。

圖1 崇友電梯汰舊換新台數逐年增長

崇友（4506）電梯銷售狀況

註：統計時間為 2014 年～ 2021 年　　資料來源：崇友法說會

　　以崇友來説，股利能不能細水長流其實是可以掌握的，可以觀察歷年的維修保養台數。2018 年至 2121 年數據顯示，崇友的維修保養台數從 3 萬 4,710 台攀升至 2021 年的 3 萬 8,854 台，這個數字也會反映在維修保養收入上（詳見圖 2）。

　　我常説存股要看成長性，公司有沒有成長性、能不能

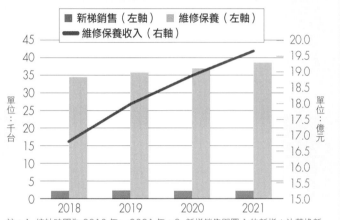

圖2 崇友電梯維修台數攀升至3萬8854台

崇友（4506）新梯銷售與電梯維修保養收入變化

註：1. 統計時間為 2018 年～ 2021 年；2. 新梯銷售即圖 1 的新梯＋汰舊換新
資料來源：崇友法説會

持續成長、能不能持續穩定，這 3 項觀察指標很重要，不要單純只看殖利率。崇友新電梯的銷售其實沒有什麼增長，可是 EPS 還是持續成長，所以，重點不在銷售電梯，而在維修保養的收入。

維修保養收入就是維修電梯的金額，確實比較好賺。崇友的維修保養收入從 2018 年 16 億 8,000 元成長到

2021 年的 19 億 7,000 元，愈來愈高，所以這家公司的 EPS 會持續成長。要知道電梯每個月都需要維修或保養，當公司營運從一次性的新梯銷售為主，轉為持續性維保收入為主、新梯銷售為輔時，那麼不斷繳出成長的財報成績單也不是難事了。

營業利益率走高代表獲利能力不斷優化

更進一步檢視崇友這家公司可以發現，崇友的營業利益率穩定提升，與營收相比，EPS 顯著成長。坦白說，電梯業的營收成長不可能出現暴衝，除非那年出現很多建案的電梯訂單，不過，我認為單一年度的變化也不是存股族該關心的事。

存股族長期投資的公司，如果不是屬於營收高成長型，就要看「營業利益率」是否改善。當公司過了衝刺營收期，接下來就要改善營業利益率，理由很簡單，因為營業利益率跟「管理」與「行銷」費用相關。一家公司的高成長期過了，自然管理面與行銷面要有經營效率，才能降低成本。

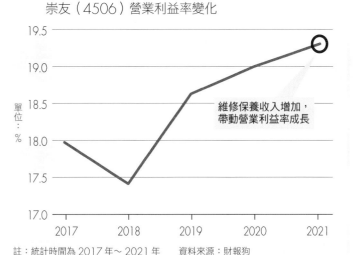

圖3 崇友2021年營業利益率成長至19.29%

崇友（4506）營業利益率變化

維修保養收入增加，
帶動營業利益率成長

單位：%

註：統計時間為 2017 年～ 2021 年　　資料來源：財報狗

營業利益率可以看出公司的營業收入中有多少比率是由「本業」賺取，反映出公司本業的經營能力。營業利益率愈高，代表公司的管理和銷售能力愈好。

若從營業利益率的角度來看，崇友的表現相當不錯，2019 年的營業利益率是 18%，2020 年提升到約 19%，2021 年則是 19.29%（詳見圖 3）。

　　可別小看這一點差距，營業利益率的提升對改善獲利有顯著效果。例如崇友 2021 年的營收年增率達 4.82%，但 EPS 年增率是 7.1%，這就凸顯出營業利益率改善的重要，盈餘成長可以高於營收成長。所以從崇友的數據不難發現，看待存股不能只看營收，還要了解公司的營業利益率是否持續提升，這才是盈餘成長的關鍵。

　　此外，觀察崇友 2022 年第 1 季財報數字可知，營業利益率達 20.75%，顯見公司的獲利能力一直優化。

　　許多投資人對存股的定義就是只有看殖利率與過去配息，但檢視企業為何能夠持續成長的原因其實才是最重要的。就以崇友為例，不管是認為電梯公司為何能存股，以及覺得成長已經發生，未來應該不會成長等，這些迷思都是沒有檢視過產業內涵而下的定論。

　　就崇友來說，我簡單抓重點，大家就知道關鍵是電梯銷售後的累積既有電梯保養數提升，就像 iPhone 賣出後能持續賺錢一樣，這種「營收堆疊性」才有機會讓投資者享有複利。

崇友（4506）存股優劣勢

存股優勢

1. **長期獲利穩定**：24 年配息不間斷，連續 5 年配息率達 70% 以上。

2. **堆疊營收**：維修保養收入、汰舊換新及新梯銷售 3 大業務同步成長。

3. **雙收入成長**：利潤比率最高的維修保養部門，營收比重以及利潤比率均持續增加；崇友品牌 20 年以上需汰換電梯達 1 萬 1,000 台，汰舊換新業務可望保持 2 位數成長動能。

4. **產品與服務優化成功**：21 層以上高層建築占完工量提升約 10%，有助帶動高端品牌「堅尼西斯」（GENESIS）銷售成長，優化毛利結構。

存股劣勢

1. **營收認列相對不穩定**：由於公司新梯以點交後認列營收，因此每月營收會出現落差不穩的情況，但若以年為單位觀察，可發現獲利仍維持逐年成長。

2. **新梯受到原物料波動衝擊大**：產品易受原物料成本上揚而衝擊獲利，但近年維修保養營收持續成長，也帶動毛利率持續優化。

—————— 4-3 ——————

櫻花》市占＋客戶黏著度高
成為難以撼動的「大鯨魚」

　　日常生活中，有一類生活股容易被大家忽略，比方銷售熱水器、瓦斯爐等產品的櫻花（9911）。你可能覺得奇怪，熱水器、瓦斯爐購買之後需要頻繁維修或保養嗎？確實，機率不大，但是櫻花的確連續數年配發股利不間斷。當一家公司的市占率高到一定程度，而公司產品屬於穩定市場，就能創造穩定獲利。

　　2013 年～ 2020 年的台灣廚衛電市場中，包含熱水器、瓦斯爐約在 155 萬台左右，畫條平均線，你認為之後需求會往下掉嗎？不會，而且甚至可能更多。為什麼？因為雖然台灣人口沒有增加，可是每一戶人口數愈來愈少，所以房子其實愈蓋愈多，就會增加對廚衛電設備的需求。

滲透率極高,擁有產品定價權

以品牌來說,熱水器與廚房家電中,櫻花(Sakura)與莊頭北(Topax)是最知名的 2 個國產品牌,但也許有人還不知道,其實莊頭北也是櫻花的子公司,公司靠雙品牌策略搶占市場。

偶然中聽到有人說櫻花的熱水器不好用,莊頭北比較好,我心裡的潛台詞是:「莊頭北是櫻花旗下的平價品牌,只是同一家公司的用料不同、品牌不同而已。」

這就好像一家好幾口人,有人喜歡飛柔(Pert)洗髮精,有人偏愛潘婷(Pantene),有人非要海倫仙度絲(Head & Shoulders)或沙宣(VS Sassoon)不可,其實,雖然品牌特色、定價策略不同,但它們都是寶僑(P&G)旗下的產品,消費者購買洗髮精的錢,最後都會回到寶僑手裡。

消費者對於品牌的支持或喜好程度,沒有邏輯可言。以櫻花和莊頭北來說,這 2 家公司在台灣的廚衛電市場

市占率，2021 年達 45.4%，與 2013 年～ 2015 年市占率約 42% 相比，有緩步上升的趨勢（詳見圖 1）。此外，台灣家庭總戶數約 860 萬戶，而櫻花的家庭滲透率高達 73%（註 1），因為滲透率高，所以有定價權。

至於為什麼櫻花的營收和每股盈餘（EPS）可以維持穩定性？那是因為雖然單一產品沒有什麼耗材更換，可是有每年固定汰舊換新的需求，加上市占率這麼高，看看這家公司的 EPS 就知道，它是成長股，我將它歸類為穩健型存股，靠著高市占率，自 2007 年（股利所屬年度）起連續 15 年配發股利不間斷（詳見圖 2）。

前 2 年因為小屋換大屋，我忙著找家電，發現萬物皆漲，家電價格漲得也是相當誇張，一樣的金額已買不到與過去相同的商品。例如熱水器在 2020 年買的時候售價是 1 萬 3,000 元，2022 年同一款商品已經飆漲到 1

註 1：市占率指實際占有額度，即一個品牌產品的銷售額在所有這個品類產品中的比率，而滲透率指的是這個市場中可能擁有這個品類的比率。

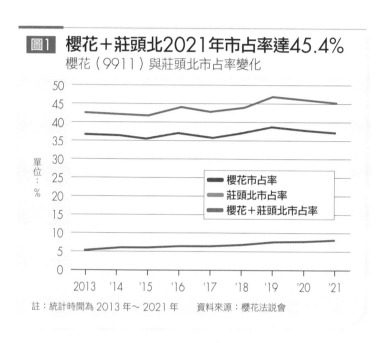

圖1　櫻花＋莊頭北2021年市占率達45.4%

櫻花（9911）與莊頭北市占率變化

註：統計時間為 2013 年～ 2021 年　　資料來源：櫻花法說會

萬 6,000 元，但是，真的非用到不可，所以不得不埋單。

　　櫻花產品也一樣，但是產品調漲是不是確實反映在獲利上？其實，櫻花產品漲價雖然反映物價上漲，產品本身不斷進化，從傳統走向智能化，也讓公司有底氣喊漲。

　　即使物價上漲，營收仍然可以持續成長，因為大家都

要使用熱水器，這是長期不變的剛性需求，也是公司年年獲利的底氣。櫻花產品以熱水器、瓦斯爐具及除油煙機、系統廚具等為主。除了隨原物料上漲而提高產品售價外，集團近年來也切入智能控制功能，推出新產品，這些作為都能幫助公司提高品牌價值及定價權。

售後服務完善＋強效行銷，品牌忠誠度高

在小宅化及家庭平均人口數下降的趨勢下，整體廚房事業量價均有所成長，櫻花近年也代理進口廚電品牌——伊萊克斯及 SVAGO，希望提供更多樣化選擇，挹注營收及獲利。

此外，轉投資櫻花中國部分，近幾年因通路調整及固定費用控管頗有成效，2021 年由虧轉盈，獲利明顯提升；2021 年 7 月，越南代理商 Mekong Trading 公司正式納入櫻花集團事業版圖，成為櫻花持有 55% 股權的子公司。

值得一提的是，櫻花提出的一站式服務與配套相當籠

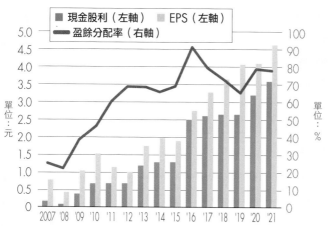

圖2　櫻花配息連續15年不間斷

櫻花（9911）配息、EPS和盈餘分配率變化

註：1. 圖中年度為股利所屬年度；2.2007年～2010年另有配發股票股利0.1
元、0.199元、0.2元和0.2元；3. 統計時間為2007年～2021年
資料來源：XQ全球贏家

絡人心，主打終生免費健檢，加上全年無休、快速處理
的售後服務品質，光是這樣就已經打趴一堆品牌。

相較其他品牌的售後維修能量，櫻花在維修保養這塊
真的很有競爭力，不僅能拉近與客戶的距離，也能提升
黏著度。假設年節期間家裡的櫻花熱水器突然壞了，只

要一通電話打到客服專線，通常當天就有技師到你家修理，其他品牌可能還是要等到開工日才有技師跟你聯絡。

不僅如此，幾乎所有櫻花產品都有「永久安檢」服務，幫你檢查設備妥善率，如此一來，當你想汰舊換新產品的時候，還會想跳槽到別家嗎？

此外，櫻花的行銷體系能量很強，也是一大優勢。《2021 年櫻花企業社會責任報告書》揭露，集團在全台擁有近 4,000 家經銷據點，整體廚房則有上百家連鎖通路，強化了品牌的定價權。

櫻花在國內通路滲透率達 80% 以上，超高的滲透率串聯更強大的行銷能量，不管是新房標配、廚具行、家電行或各大通路都看得到櫻花，所以，新客戶選購櫻花產品或老客戶繼續使用櫻花的機率高不高？

櫻花的廣告行銷能見度與觸及率極高，許多民眾想購買熱水器時，自然會想到櫻花，一如大家想買家電就會想到全國電子的「揪甘心」，想買車就很容易想到豐田

表1 **櫻花2021年現金股利達3.6元**

櫻花（9911）營運狀況

年度	2016	2017	2018	2019	2020	2021
EPS（元）	2.75	3.29	3.65	4.06	4.08	4.62
EPS年增率（%）	45.50	19.60	10.90	11.20	0.50	13.20
盈餘分配率（%）	90.90	79.00	72.60	65.30	78.40	77.90
現金股利（元）	2.50	2.60	2.65	2.65	3.20	3.60
股票股利（元）	0	0	0	0	0	0
主要營運事業	熱水器、瓦斯爐、吸油煙機					
產業地位介紹	國內廚衛電龍頭					

註：1. 表中年度為股利所屬年度；2. 統計時間為 2016 年～ 2021 年
資料來源：Goodinfo! 台灣股市資訊網

汽車（Toyota），這都是行銷體系動能極強的例子。

表 1 顯示，櫻花自 2016 年至 2021 年的 6 年間，EPS 逐年攀升，配發現金股利也從 2.5 元上升到 3.6 元（股利所屬年度）。2021 年雖面臨全球疫情衝擊、原物料價格飆漲，以及缺工缺料等問題，櫻花營收及獲利仍創下歷史新高。

櫻花 2021 年合併營收 75 億 7,000 萬元，年增 14.2%，營業利益 11 億 6,000 萬元，年增 8.9%，稅

後淨利 10 億 1,000 萬元,年增 12.9%,EPS 4.62 元。

事實上,櫻花是一檔配息非常大方的公司,近 10 年的盈餘分配率高達 73.61%,且近 10 年的年均殖利率超過 5%。

雖然高市占率與維修服務等一條龍配套,讓櫻花在同質性產品中成為難以撼動的「大鯨魚」,不過,目前集團旗下產品 3 大主力是熱水器、整體廚房及廚電產品,營收持續性較差。

然而,從另一層思考就很有趣,那就是傳奇基金經理人彼得‧林區(Peter Lynch)曾經說過,高成長的產業會引起更多競爭者覬覦,反觀產業難以成長的產業,因為沒有多餘利潤可圖,也就沒有競爭者的問題。

對於櫻花來說,即使真的有新競爭者出現,它們也必須跟通路滲透率達 80% 的超級龍頭瓜分市場,如果新的競爭對手規模太小,反而會造成消費者對品牌的不信任。因此,小蝦米要打敗大鯨魚,難度很高。

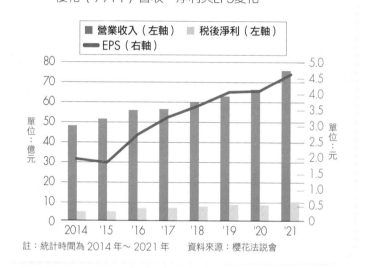

圖3 **櫻花近年來營收、淨利與EPS穩健成長**
櫻花（9911）營收、淨利與EPS變化

目前看來，櫻花的高市占率除了能帶動品牌競爭力，也非常容易成為消費者汰舊換新或新購首選，而櫻花的產業劣勢反而推升公司的優勢及門檻。

這樣的高優勢與低劣勢表現在櫻花近年的獲利數據上，無論是營收、淨利或 EPS 都穩健成長，顯示櫻花的營運面表現確實非常不錯（詳見圖 3）。不過，熱水器或瓦

斯爐等家電用品就算有品牌之別，競品價格之間畢竟差異不大，加上客群高度重疊，導致品牌忠誠度不高。

以國內前 2 大產品龍頭櫻花及林內（Rinnai）為例，對一般人來說，2 家產品的定價及品質真的都差不多，有時候只是一念之間的選擇或偏好而已。如何深化品牌形象，強化消費者的「一念之間」，這部分，除了產品與銷售服務品質，就得看品牌端平日的行銷功力下得深不深了。

櫻花 2021 年年報顯示，公司品牌已經連續 36 年（註2）都是消費者心目中理想品牌第 1 名，顯然品牌形象深植人心，加深產業護城河。

產品除了品質要顧好，更重要的是要能透過行銷，讓大家知道東西夠好，才會有消費者願意信任並埋單。那

註 2：櫻花於 1988 年成立，這裡的 36 年，推測應包含台灣櫻花的前身——源輝金屬，早年以代工除油煙機發跡。

麼，櫻花如何能從這麼多競爭對手中脫穎而出？

我認為，除了前面提過的終生服務外，更重要的是行銷持續砸下重金，這點櫻花顯然有比較深的著力，從年報的「推銷費用」就能看出行銷推廣的規模有多大。

櫻花 2014 年全年推銷費用是 6 億 6,600 萬元，2021 年則成長至 11 億 4,800 萬元，光是燒錢廣宣的規模可能就超過許多小公司的營收，所以，櫻花品牌能夠在消費者的「一念之間」脫穎而出不是沒道理的。

近年來致力於「全屋裝修」事業體

前面提到，櫻花有高市占率，但如何維持營收與獲利續航力，從 A 到 A ＋，是觀察櫻花後市的重點。

提到櫻花的下個階段獲利動能，其實，熱水器、廚電產品、整體廚房再怎麼成長都會有個天花板，公司派自己也知道，因此，櫻花近午來開始努力衝刺「全屋裝修」事業體，就是想藉既有事業的延伸，持續增加不同的基

金型態營運動能。

彼得‧林區說：「擁有利基優勢的公司，通常更適合長期投資。例如具有品牌優勢及獨占性的企業，即使沒有夠大的經濟規模，也能擁有定價權的實力。」這段話就是櫻花的寫照，雖然櫻花沒辦法一直賺到消費者的錢，但只要消費者想要購買熱水器或瓦斯爐具就很難迴避它，因此，產品價格公司說漲就漲。

當身為龍頭的櫻花決定要漲價，其他競品自然也會跟著漲。定價權這麼硬，消費者還是不得不埋單，這就是定價權優勢。

如果從存股角度來看，櫻花的營運表現相當符合長期投資的特性，而且多年來都維持在「獲利不漲停，但每年漲不停」的節奏中，是優質的存股標的。

櫻花（9911）存股優劣勢

存股優勢

1. **從傳統走向智能化**：近年推出智能化產品，提高品牌價值。

2. **產品黏著度極高**：櫻花主打終生免費健檢，加上全年無休快速處理的售後服務，除了拉近與客戶的距離，也能提升黏著度。

3. **行銷體系能量強**：全台擁有近 4,000 家經銷據點，整體廚房有上百家連鎖通路，擁有極強的定價權。

存股劣勢

1. **營收持續性較差**：產品營收持續性較差。

2. **產品可取代性高**：競品價格差異不大，客群高度重疊。

—————— ⟨⟩ 4-4 ⟨⟩ ——————

大樹》全力加速展店
搶食連鎖醫藥通路營收大餅

新零售時代來臨，不論是傳統實體或新興電商通路，甚至是虛實整合的 OMO（Online Merge Offline）零售全通路，連鎖化、規模化通路擁有「話語權」已是不爭的事實。

通路創造的永續商機與堆疊業績實力不容小覷，像是便利商店龍頭統一超（2912）是一例。此外，連鎖藥局／醫材通路每年 3,000 億元的營收大餅也相當誘人，卡位者眾，比方大樹（6469）就大力拓點，未來連鎖藥局大戰只會廝殺得更激烈。

大樹最強的點，就是它是少數有上市（櫃）的藥局，因為通路展店需要大量的資金，到資本市場募集是最快

的方式。如美妝雜貨通路龍頭寶雅（5904）在剛上櫃之時，與對手名佳美、美華泰，還可以算是三強鼎立。上櫃後的寶雅快速展店、攻城掠地，要知道好的店面只要占據了，商圈的晚進者就少了很大的競爭力，所以很快的名佳美跟美華泰分別在2014年與2020年熄燈落幕。

大樹的發展就有寶雅這樣的味道，2016年上櫃之際不到百家店面，透過自身的展店與整併博登藥局，到2022年為止才短短幾年，在全台已有超過300家店面，成為藥局龍頭。

有別於其他實體通路，藥局具備3大優勢

而各大通路中，我認為最具生存力的就是藥局，因為藥局有別於其他實體通路，具有下列3大優勢：

優勢1》很多藥局商品不能在網路上販售

雖然現在實體通路不好混，很多被電商通路打趴，但是對大樹來說沒差，因為礙於法規限制，很多藥局商品根本不能在網路上販售，哪怕電商之王也無用武之地。

例如成藥、動物用藥、驗孕棒還有維骨力等,其實都無法在網路上購買,如店家販售就屬於違法行為。

優勢2》「顧問式銷售」有賣點

雖然新冠肺炎(COVID-19)疫情發生後,購物習慣改變,大家都轉線上消費,但是很多人還是會跑到實體藥局買東西,因為時不時需要諮詢或聽取專業藥師的建議,這類「顧問式銷售」很有賣點。

此外,到診所看診後至藥局取藥,也為藥局帶來基礎人流,進而導購店內其他產品。像我每次帶小孩到診所看診完就是到大樹藥局領藥,等待的過程就不知不覺把奶粉、奶嘴也一起打包,這是處方用藥為藥局帶來的額外商機。

優勢3》藥局數量還有很大的成長空間

開藥局需要藥師,而台灣藥學系卻是全台大學少數在十多年來都沒增加科系的領域。台灣有 8,000 家以上的藥局,不過每年畢業的新鮮人不過 800 人。在我念生物科技求學的階段,研究所有相當多同學來自藥學系,也

就是說藥學系學生相當多都沒走藥師執業之路，更讓藥局大量展店時會遇到藥師徵才的困難。之前全聯一度開藥局到最後先決定收尾，就是因為藥師數量不足，跨足藥局第 2 年就宣布打包回家。換言之，藥師的品質與數量能否跟得上展店速度，就是連鎖藥局勝敗的關鍵之一。

而截至 2022 年上半年為止，大樹的店數有 246 家（註1），擁有藥師 515 人，平均每一家店都可以有 2 名藥師。若依「1 家藥局只有 1 名藥師」的配置情況來看，大樹在之後好長一段時間內，應該可以不用為藥師人數擔心。

更重要的是，大樹能夠這麼快速展店，也是因為有超前部署，例如跟藥學系產學合作，提供獎助金讓學生們考取藥師後就到大樹就職。不想一輩子當藥師的人，也有機會蛻變成公司的主管，大樹這樣的機制自然能在僧

註 1：2022 年上半年店數計算含商圈店（220 家）及社區店（26 家），但不含機場、全家 × 大樹藥局及家樂福等特殊店型，且只以開店滿 1 年的門市計算之。

多粥少的藥師徵才中獲得青睞。

雖然大樹具有眾多優勢，但仍有投資人擔心，認為 2022 年大樹的股價來到 200 元、300 元，已經是「過熱狀態」。但我卻不這麼認為，因為如果你問我連鎖藥局市場的成長結束了沒？我的答案是「還沒」，而且還有很大的發展空間。

對比美國和日本這類發展成熟、連鎖藥局市占率達 50% 以上的國家，台灣的連鎖藥局市占率只有 20%。而大樹推估，台灣藥局連鎖率要到 2032 年才會達到 50%。投資人可以想想看，若是台灣未來連鎖藥局市占率真如大樹預料一般發展，那這個市場是不是還很大？

截至 2022 年上半年，台灣整體藥局家數為 8,410 家，若以藥局連鎖率之後可望達 50% 計算，連鎖藥局有機會拓展至 4,000 家以上，而目前台灣連鎖藥局僅有 1,678 家，換言之，台灣連鎖藥局還有 2,000 多家的發展空間。這也難怪大樹每年想盡辦法加速展店，甚至還創立「展店部」這個特殊部門，為的就是搶得先機。

　　根據大樹的法說會資料顯示，大樹每年的展店速度非常快，2016 年剛掛牌時，店數為 67 家，到 2022 年上半年截止，已經到 246 家，成長近 3 倍。若是依照大樹「2025 年展店 500 家」的目標來看，未來還有 200 多家的成長空間。

　　大樹除了展店速度很快以外，更可怕的是平均店效仍可以維持高水準。2022 年上半年，大樹的平均店效（不含社區店）是每月營收 507 萬 2,000 元，已經超越 2016 年全年的 474 萬 7,000 元（詳見圖 1）。

　　一般來說，新拓展的店面營收一開始都會拉低平均，比方 2020 年 36 家新店的平均營收不到 300 萬元（詳見圖 2），從這一點就可以看出大樹既有店面的營收成長續航力有多強。

單店營收維持成長態勢

　　一般來說，通路拓展比的是誰插旗速度快，要先買到或租到好店面，才能讓競爭對手沒有展店空間，這樣的

註：1. 不含機場、全家 × 大樹藥局及家樂福等特殊店型，且只以開店滿 1 年的
　　門市計算之；2.2021 年以後的數據為商圈店的數據，不包含社區店的數據
資料來源：大樹法說會

產業模式只要實體通路股上市（櫃），就會把對手打到
鼻青臉腫。回想當年的 7-ELEVEN，再看看現在的大樹，
道理一通百通，所以我想，大樹未來還是會持續長高。
且就大樹的營業數據來看，主要營收來源可以分成婦嬰
用品（39.57%）、保健藥品（23.43%）、健康照護
（16.62%）及處方藥品（15.98%）4 大類別（註 2），

圖2 大樹36家新店的平均營收不到300萬元
大樹（6469）新開店、同店經營成長實績（營收）

註：不含機場、全家 × 大樹藥局及家樂福等特殊店型，且只以開店滿１年的門市計算之　　資料來源：大樹法說會

毛利率由高至低依序為保健藥品、健康照護、婦嬰用品、處方藥品。

　觀察近 3 年（2019 年～ 2021 年）數據可以發現，

註 2：大樹的營收來源尚有其他 4.4%。

大樹的保健藥品從 2019 年的 20.98% 上升至 2021 年的 23.43%；健康照護從 2019 年的 11.25% 上升至 2021 年的 16.62%；婦嬰用品則是從 2019 的 48.83% 下降至 2021 年的 39.57%；處方藥品則是從 2019 年的 14.95% 上升至 15.98%。

雖然大樹營收占比最大的婦嬰用品在 3 年內下跌 9.26 個百分點，但關鍵是毛利率較佳的保健藥品與健康照護用品，營收占比是增加的。所以大樹近年營運狀況愈來愈好，與高毛利率品項的營收占比提升有關。

我常說，毛利率就是企業競爭力的表現，只要營收跟毛利率穩健上升，企業的營運動能就有機會持續轉強。

但是，有投資人可能會問，「大樹的表現那麼好，為什麼 2021 年股價才開始飆漲呢？」這點從大樹的「稅前淨利率」就能找到答案。觀察 2016 年～ 2021 年的數據可以發現，大樹的營業成長率連續 7 年都在 30% 以上，而稅前淨利率雖然在 2016 年～ 2018 年略有下滑，但從 2019 年開始，就又逐步往上（註 3，詳見圖 3）。

圖3 大樹稅前淨利率創新高，股價隨之飆漲

大樹（6469）營收成長率與稅前淨利率變化

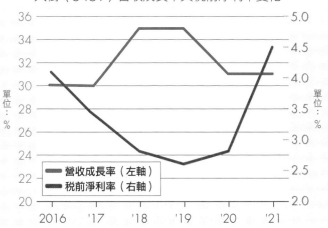

大樹（6469）月線圖

註：大樹營收成長率與稅前淨利率變化統計時間為 2016 年～2021 年
資料來源：大樹法説會、XQ 全球贏家

　　基本上，展店需要投入資金、人事、裝潢等成本，自然拉低整體淨利率，每展店一家藥局，需要 1 年半的時間回本。但是 2021 年大樹的稅前淨利率創下上櫃以來的新高，來到 4.5%，而且 2021 年年底的店數達 238 家（註 4），比 2016 年的 67 家硬是多了 171 家店。

　　而且大樹很厲害的是，業績成長動能除了來自於新的展店外，每一家店的單店營收也在持續成長。根據法說會數據，大樹上櫃前（2015 年）開的店，到展店第 7 年（2021 年）的單店營收都還在成長，接下來幾年開的店，也都有這樣的單店營收持續成長態勢。

　　簡單來講，大樹這家藥局可怕的地方在於，它就算不展店，靠既有店面都可以持續成長非常多年。而舊有店

註 3：稅前淨利率是稅前淨利占總營收的百分比，也就是一家公司每賺進 1 元營收，可以獲得多少稅前淨利，其公式為「稅前淨利 ÷ 營業收入 ×100%」。
註 4：圖 1 的店數不含機場、全家 × 大樹藥局及家樂福等特殊店型，也不含社區店，且只以開店滿 1 年的門市計算之，此處則是計算總店數，包含商圈店 221 家、社區店 17 家。

面的營收成長意義很大，就是剛剛說到的可以拉高稅前淨利率，因為新店一開始需要折舊跟攤提，對於稅前淨利的貢獻有限。結論是：店數增加、稅前淨利率又拉起來，盈餘就是夭壽讚！

了解完這樣的產業特性，就不難理解為什麼 2020 年（股利所屬年度，下同）大樹可以配發 3 元的股票股利，股本膨脹高達 30%。

股本變太大的狀態下，大家以為公司的每股盈餘（EPS）可能要衰退了，結果 2021 年大樹的 EPS 從 2020 年的 3.73 元拉高到 5.83 元，顯示營收堆疊與累加的獲利能力真的很可怕。這也是大樹享有高本益比的原因，因為這種成長性相當有底氣（詳見表 1）。

不過，喜歡現金流的存股族，對大樹的疑慮是：「公司那麼賺錢，為什麼不拉高配息金額，反而還瘋狂配股？」那是因為大樹公司派的態度是巴不得多開 2,000 家門市，近年來不斷增加配股就是為了擠出更多的展店銀彈，自然導致股本快速膨脹，現金配不出來了。

不過，從平均店效及每年 EPS 來看，大樹的獲利仍可跟上不斷膨脹的股本，尤其在新冠肺炎疫情肆虐下，2020 年（股利所屬年度）配股仍高達 3 元（股本膨脹 30%），但 2021 年依然繳出比 2020 年更高的 EPS，對長線投資人來說不見得是壞事，因為這表示大樹雖然連續配發多年股票股利，但 EPS 幾乎沒有被稀釋。

甚至 2021 年因為我剛說的，2015 年以後展的店開始進去到淨利實際貢獻期，因此股本膨脹完全無損 EPS 的成本。

有些人可能無法理解為什麼大樹的股本膨脹，卻無損 EPS，這裡我再幫大家做個說明。在大樹 2016 年掛牌上櫃前，它的稅前淨利率曾達 7.1%（2014 年），而截至 2022 年第 2 季為止，大樹的累計稅前淨利率是 5.06%，這代表大樹目前的稅前淨利率，距離天花板還

註 5：稅前淨利率 5% 等同於用 100 元賺了 5 元，而淨利率 7% 則等同於用 100 元賺了 7 元。將 7 元除以 5 元後減 1 後再乘以 100%，可以算出稅前淨利率 7% 與稅前淨利率 5% 相比，成長了 40%。

表1 **大樹2021年EPS創新高，達5.83元**

大樹（6469）營運狀況

年度	2016	2017	2018	2019	2020	2021
EPS（元）	3.57	3.36	3.01	3.25	3.73	5.83
EPS年增率（%）	6.60	-5.90	-10.40	8.00	14.80	56.30
盈餘分配率（%）	78.43	83.33	86.38	86.15	107.24	88.16
現金股利（元）	1.30	1.80	1.30	1.00	1.00	2.57
股票股利（元）	1.50	1.00	1.30	1.80	3.00	2.57
主要營運事業	健保處方箋藥局、婦幼產品線上購物平台					
產業地位介紹	國內連鎖藥局龍頭					

註：1.表中年度為股利所屬年度；2.盈餘分配率為包含現金股利與股票股利的盈餘分配率；3.統計時間為 2016 年～ 2021 年　　資料來源：大樹法說會

有很大的上升空間。

　　試想，稅前淨利率從 5% 到 7%，等於是在相同營收下，稅前淨利多出 40% 的概念（註 5）。當你有這樣的數字思考力後，應該就對大樹「股本大膨脹還無損 EPS 成長」這件事不感意外了。

　　雖然有些人會說：「財報是看後照鏡開車。」但對於這個觀點，我其實不完全認同，因為你只要加上產業研究以後，自然可以知道公司未來還有沒有潛力。產業研

究的重要性，就是讓你了解財報背後的營運故事與未來前景。

　　這就好像我當初買進大樹的根據，不是計算本益比與殖利率，而是研究法說會後，看到大樹的展店速度與單店營收能持續成長多年才下定決心。也就是說，「財報＋產業研究」，就是存成長股的不二法門。

複合式企業成主流，虛實整合經營策略奏效

　　基本上，像大樹這種以實體通路營運為主的公司，只要店數夠多，通常能對上游廠商產生定價權優勢，這也是通路股通常能享有高本益比的主因。大樹近年來加速展店後，慢慢發揮通路股優勢，甚至受惠政府口罩實名制而帶動店面業績不減反增。

　　更關鍵的是，大樹幾年前就切入線上平台經營，並成為國內首家將數據監控及健康存摺結合大數據分析精準行銷的藥局，推出的「大樹健康 GO」App 更貼近民眾的生活。

　　而大樹的門市店格也不斷更新，從傳統實體店面的一代店，改版到結合線上、線下成為智慧藥局，算是複合型藥局的五代店。所以，認真説來，大樹已經成為複合式企業，兼具通路股優勢、網路化及行動裝置 App 等營運特色，這些都是後疫情時代的主流產業趨勢。

　　不過，大樹連鎖藥局販售的畢竟不是獨家商品，各家醫藥連鎖店販售的商品都差不多，因此顧客容易「跳槽」，忠誠度不高，畢竟顧客買的是產品而非通路品牌。

　　再者，有不少同質性店面直接卡位醫院，而病患或家屬購買相關用品時多半選擇就近購買，不會堅持選擇特定通路品牌。

　　面對這些隱憂，大樹除了持續卡位重要地點及整併博登藥局外，也不斷優化店面及門市人員的培訓，甚至有專業藥師提供客戶健康管理解決方案等服務，無形中加深民眾對品牌的印象，提高信任感與好感度，再搭配線上諮詢及優於同業的精準行銷力，有助提升顧客品牌忠誠度。

鎖定3大方向，積極拓展市場

大樹在未來發展規畫上，因為擔憂營收主力婦嬰產品未來獲利很有可能受少子化、不婚、晚婚等社會趨勢影響，導致營收逐漸萎縮，因此除了持續展店以外，接下來在「寵物」、「中國」及「日本」等3大方向，也都是大樹下一階段的布局。

方向1》寵物市場

根據大樹法説會數據顯示，估計寵物商機約有 500 億元的市場規模，而且動物用藥跟人類藥物的重疊率超過60%，也可以成為大樹的利基市場。

再加上 2021 年，國內犬貓數已經超越 15 歲以下孩童人數，在這個時間點切入寵物市場，可以算是相當不錯的投石問路（詳見圖4）。

方向2》中國市場

大樹早在 2015 年就已經開始為「西進中國」做準備，在中國最大零售購物網站天貓販售台灣保健食品，也成

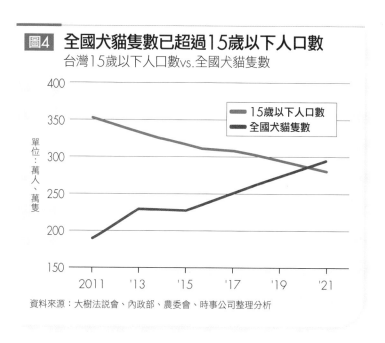

圖4 全國犬貓隻數已超過15歲以下人口數

台灣15歲以下人口數vs.全國犬貓隻數

資料來源：大樹法説會、內政部、農委會、時事公司整理分析

為第1家在中國的台灣藥局代表。大樹在同年推出「雲端藥歷」App系統，讓長年在中國經商的台商因此受惠，當地醫師能快速知道這些台商的用藥紀錄。

2021年，大樹與中國百強藥店談授權加盟合作案，在中國市場尚未出現絕對領導品牌，前10大藥店僅占市場營業額21%，或許未來有機會貢獻來自中國的營收。

方向3》日本市場

大樹已經取得日本連鎖藥妝 Sugi Holdings 在台灣、中國、香港、澳門的獨家代理權，共同搶攻亞洲區域健康照護新商機。

在中國近年修改醫保制度之下，有機會讓民眾開始自費購買藥品，因此大樹計畫與 Sugi Holdings 攜手西進中國市場，目前中國多數藥局仍以傳統處方藥為主，對大樹來説會是極具競爭及利基點的拓展。

藥局的競爭除了展店，也需要差異化的經營，大樹在台灣也與日本 Sugi Holdings 開設雙品牌複合店，引進有差異化的日本藥品，強化在國內藥局市場的競爭力。

2016 年～ 2020 年是大樹上櫃後的第 1 階段的 5 年計畫，旗下總店數超過 200 家，整併博登 60 家；第 2 階段是 2021 年～ 2025 年，集團預計展店至社區小型店 200 家與商圈大型店 300 家，加上特約取貨點讓預計店數達到 1,000 家。總結來説，大樹藥局的成長還在持續，是實體通路股中我最深入追蹤的公司。

大樹（6469）存股優劣勢

存股優勢

1. **獲利高成長**：集團展店速度極快，平均店效維持高水準表現，近年配發股票股利愈來愈多，獲利仍可跟上股本膨脹速度。

2. **虛實合一經營策略**：除實體店面具有規模經濟優勢外，線上網路智慧藥局也有所斬獲，甚至結合政府健康存摺資料庫，精準行銷提升客單價。

3. **國內市場尚未飽和**：目前國內藥局連鎖率約為 20%，比照美日普及率 50%，公司派評估營運成長空間仍相當大。

存股劣勢

1. **顧客忠誠度較低**：各家醫藥連鎖店提供的產品差不多，顧客容易「跳槽」。

2. **現金配息率較低**：公司仍處在高成長階段，現金股息相對低。

—————— 4-5 ——————

佳醫、杏昌》
高齡化趨勢下洗腎產業商機無限

　　高齡化是全球趨勢，國發會統計資料顯示，台灣人口在 2019 年達到高峰後，2020 年已經出現負成長，超過 65 歲以上人口的比率已達 16.1%，顯示台灣已經進入高齡社會，預估 2025 年 65 歲以上人口比率將達 20.1%，屆時台灣將邁入超高齡社會。

　　對存股族來說，長期投資一定要考量社會人口的變化，才能抓住真正的趨勢。假設存的公司剛好就是受惠高齡化趨勢，那不正是在風口上，讓公司營運更順風順水嗎？

銀髮族人口愈來愈多，生醫概念股受矚目

　　銀髮族人口愈來愈多，對勞動市場來說不是好消息，

但對銀髮商機來說卻是好消息。有鑑於此，許多公司也針對超高齡社會所需長照趨勢，推出配套產品及服務，從居家照護、遠距診療、行動輔具到保健食品等，可說是應有盡有。

　至於長照商機中有沒有值得關注的類股？俗話說：「站在巨人的肩膀上可以看得更遠。」我們不妨從股神巴菲特（Warren Buffett）執掌的波克夏公司（Berkshire Hathaway）的前 20 大持股中尋找答案。

　美國民調機構與智庫皮尤研究中心（Pew Research Center）報告指出，占美國人口 26% 的嬰兒潮世代，在 2011 年開始進入 65 歲階段，使得美國也必須面對高齡化議題。

　巧的是，波克夏就是在 2011 年開始買進美國洗腎血液透析公司德維特（DaVita，美股代號：DVA）的股票，是德維特最大的單一股東，而德維特也是波克夏 2022 年第 2 季前 20 人持股公司中唯一的生醫概念股，是波克夏第 13 大的持股（詳見表 1），持股比重還高於大

家熟知的花旗集團（Citibank，美股代號：C），以及
VISA（美股代號：V）。

洗腎產業可以簡單分為 3 大類：上游的血液透析機、
中游的耗材，以及下游的洗腎中心，其中又以洗腎中心
最好賺。

德維特這家公司就是美國洗腎中心的領導廠商，在美
國人均年支出達 7 萬美元的洗腎市場取得最有護城河的
位置。這不難說明，為什麼極少投資生醫類股的波克夏
公司，會對德維特如此鍾情。

台灣洗腎人口年年上升，相關產業成長可期

既然洗腎產業是長照商機中值得關注的類股，那麼，
在台灣是否有類似的投資機會呢？

根據衛生福利部的資料，台灣在 2017 年的血液透析
人數有 8 萬 1,865 人，而到 2022 年上半年截止，已
經達到 9 萬 693 人，這 5 年半之間的血液透析人數是

表1 **德維特是波克夏20大持股中唯一的生醫股**

波克夏2022年第4季前20大持股

排名	公司名稱	美股代號	資產子類別	投資組合占比（%）
1	蘋果	AAPL	科技	40.74
2	美國銀行	BAC	金融	10.46
3	可口可樂	KO	非循環性消費	8.38
4	雪佛龍	CVX	能源	7.78
5	美國運通	AXP	金融	7.00
6	卡夫亨氏	KHC	非循環性消費	4.14
7	西方石油	OXY	能源	3.11
8	穆迪	MCO	金融	2.24
9	美國合眾銀行	USB	金融	1.83
10	動視暴雪公司	ATVI	通訊服務	1.77
11	惠普	HPQ	科技	1.13
12	紐約梅隆銀行	BK	金融	1.00
13	德維特保健合作公司	DVA	醫療保健	0.96
14	花旗集團	C	金融	0.86
15	克羅格	KR	非循環性消費	0.82
16	維聖公司	VRSN	科技	0.71
17	維亞康姆哥倫比亞廣播公司	VIAC	通訊服務	0.65
18	特許通訊	CHTR	通訊服務	0.60
19	通用汽車公司	GM	循環性消費	0.56
20	Visa	V	金融	0.54

資料來源：Berkshire Hathaway's 13F filing

1 年比 1 年還高（詳見圖 1）。

健保署的資料更顯示，在 2020 年健保支出第 1 名花費 562 億元為「急性腎衰竭與慢性醫療腎臟疾病」，其中有 84% 的費用是支出於「門診透析」病患，也就是俗稱的「洗腎」。

台灣的高齡化趨勢也是造成洗腎人口年年上升的原因，根據台灣腎臟醫學會在 2019 年的統計，當年新發生的血液透析患者約有 1 萬 2,500 人，他們的平均透析年齡是 67.5 歲。

此外，這份報告也發現患者有 47.9% 同時是糖尿病患者，事實上台灣國衛院在 2019 年資料指出台灣約有 230 萬人，所以洗腎人口在台灣高齡與糖尿病盛行率居高不下的狀態下，年年增長的態勢不易改變。

洗腎產業的潛在市場與未來性有了，站在投資立場，我還很重視一家公司營收的「持續性」，因為這一點可以檢驗產業是否值得關注。

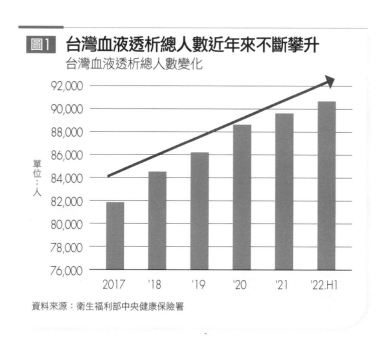

圖1 台灣血液透析總人數近年來不斷攀升

台灣血液透析總人數變化

資料來源：衛生福利部中央健康保險署

如果一家公司的產品回客率不高，或者販售的產品可以用很久，代表不容易持續產生營收，它就未必是好的投資對象。

洗腎產業恰巧是一個營收持續性非常優秀的族群，以台灣來說，洗腎患者1週必須到醫院報到3次，每次健保支出超過新台幣3,000元，洗腎治療動輒持續數年之

久，一旦進入洗腎狀態，只能一直持續下去，如此一來，相關業者當然就能持續獲利。

此外，醫療費用通常公開透明，對於醫療業者來說，等於擁有定價權保障，未來只要公司能取得一定的市占，便能持續獲利。

因此，從洗腎相關設備的採購與維護，到病友需要使用的迴路管、穿刺針、透析液等一次性使用耗材，以及第一線服務病友的洗腎中心，都非常值得投資人留意。

前面提到洗腎產業大致分成上中下游的血液透析機、耗材，以及洗腎中心，其中，確實有好公司值得留意，那就是國內 2 大洗腎通路龍頭：經營洗腎服務中心的佳醫（4104），以及代理血液透析機為主的杏昌（1788），分別介紹如下：

個股1》佳醫：本業、轉投資表現皆亮眼

佳醫創立初期以洗腎設備耗材為主，逐步轉型為醫療

服務通路商，除洗腎服務外，也跨足醫美及醫藥物流，洗腎相關營收占比超過一半。

佳醫在洗腎產業中屬於中下游的耗材及洗腎服務中心，與德商費森尤斯（Fresenius，以下稱 FME）醫藥集團合資成立的洗腎中心全台通路據點已達 150 個，是全台規模最完善的洗腎服務供應商。

佳醫除了銷售 FME 產品，也掌握其 100 多家洗腎通路，2022 年更進一步收購 FME 旗下卡汀諾公司、安馨公司各 49% 股權後，佳醫新增約 50 家洗腎中心的產品供應量，讓佳醫的洗腎通路市場高達 736 家，國內無人能敵。這部分在 2022 年下半年開始貢獻營收。

佳醫 2021 年每股盈餘（EPS）為 4.3 元，配息 4 元（現金股利 3.5 元、股票股利 0.5 元），盈餘分配率達 93%，是股利發放非常大方的公司。相信在 2022 年的通路擴大下，未來 EPS 成長的動能就更強了。

佳醫連續 24 年配發股利從不間斷，未來還會不會再

連發 24 年？我想，機率非常非常高，因為通路為王，洗腎患者可能用不同品牌的產品，但是通路的選擇相當有限。

這樣的優勢直接顯示在財報上，佳醫 2016 年～2021 年的獲利表現相當優秀，EPS 1 年比 1 年高，現金股利從 2016 年到 2021 年成長了 40%（詳見表 2）。

剛提到佳醫最大的護城河是血液透析通路，在台灣約有 736 家洗腎通路，由於洗腎本身是高齡化的疾病，因此在高齡化這個領域深耕的佳醫也沒錯過長照商機，還開了 ABH（Asia Best Healthcare）7 星級長照中心。

2019 年，ABH 公司為集團賺進新台幣 9,102 萬元淨利；2020 年前後轉型，開始承接既有長照中心及社區型醫院，導入相關產品，光是長照中心這個護城河就很高了。

根據公司法說會資料來看，2019 年～ 2021 年，佳醫無論本業或轉投資的 ERS（與全球洗腎產品商 FME 合

表2 佳醫2016～2021年現金股利成長40%

佳醫（4104）營運狀況

年度	2016	2017	2018	2019	2020	2021
EPS（元）	3.09	3.12	3.53	4.02	4.06	4.30
EPS年增率（%）	-5.50	1.00	13.10	13.90	1.00	5.90
盈餘分配率（%）	80.90	89.40	85.00	82.10	86.20	93.00
現金股利（元）	2.50	2.79	3.00	3.30	3.50	3.50
股票股利（元）	0.00	0.00	0.00	0.00	0.00	0.50
主要營運事業	洗腎、醫美、物流、長照、家電					
產業地位介紹	洗腎中心龍頭、醫藥通路龍頭					

註：1.表中年度為股利所屬年度；2.盈餘分配率為包含現金股利與股票股利的盈餘分配率；3.統計時間為2016年～2021年　　資料來源：Goodinfo! 台灣股市資訊網

資）、ABH 長照中心，都受惠於高齡化商機而帶動業績成長。

其中，營業利益從 2019 年的 4 億 6,400 萬元，上升至 2021 年的 5 億 9,500 萬元；轉投資損益（含 ERS、ABH 等）從 2019 年的 1 億 9,000 萬元，上升至 2021 年的 2 億 3,300 萬元。

攤開佳醫 2022 年上半年的營收組成，血液透析占比51%，確實洗腎事業體對佳醫來說是最重要的收入來源。

此外，佳醫來自外科相關產品的占比也高達 36%，其他的血袋、造口、預防醫學或者健康家電產品則合計占 13% 營收（詳見圖 2）。所以集團的收入來源不僅非常多元，且醫學類產品不受景氣影響，造就佳醫盈餘的穩定性極高。

佳醫旗下也轉投資滿多賺錢的公司，例如醫美設備代理公司曜亞（4138，佳醫持股 38.5%），可見佳醫不只賺長者錢，也賺女性的錢，因為它還代理醫美儀器。

此外，佳醫還持有醫藥物流股久裕（4173，佳醫持股 40%），這家公司當初代理威而鋼，顯示佳醫連男性的錢也不放過。這表示佳醫的獲利來源相當多元，本身就是一家醫療 ETF 公司，發展動能不容小覷。

個股2》杏昌：Beta值低、股價牛皮，波動小

杏昌在洗腎產業中屬於上中游的洗腎機及耗材部分，以經營洗腎市場起家，並代理日本 Toray 血液透析相關儀器及耗材。

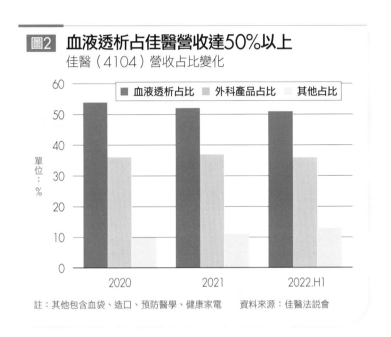

圖2 血液透析占佳醫營收達50%以上
佳醫（4104）營收占比變化

■ 血液透析占比　■ 外科產品占比　　其他占比

單位：%

註：其他包含血袋、造口、預防醫學、健康家電　　資料來源：佳醫法說會

　之後陸續轉投資代理牙科、長照、呼吸睡眠、脊椎機
械手臂等市場相關設備，成為積極發展代理品牌的基金
型態公司。觀察杏昌2021年營收占比，血液透析產品
占80%以上，仍是主要獲利來源。

　高齡化人口與洗腎人口逐年攀升，同樣成為推升杏昌
獲利成長的動能。攤開杏昌的獲利數據，EPS從2009

年上櫃第 1 年的 4.14 元進步到 2021 年的 8.99 元，
獲利成長趨勢與台灣洗腎成長趨勢息息相關。

觀察杏昌近幾年的財務表現，單就存股族最在意的配
息來說，2016 年～ 2020 年的現金股利介於 5 元到
6.77 元，至於 2021 年持續創高，EPS 為 8.99 元，現
金股利 7 元，算是相當給力了（詳見表 3）。

值得留意的是，為什麼杏昌的盈餘分配率，常常可以
超過 80%？其實這就是代理商的好處，存股投資的其實
是生意，你選擇了代理商當存股，好處就是它不像製造
業有龐大的資本支出，自然有賺錢的時候能讓股東雨露
均霑。

杏昌在 2022 年更成為韓國「福吉美」（Gmate）
唾液快篩在台經銷商，受惠於唾液快篩熱賣，杏昌
2022 年 5 月營收暴衝，達 9 億 8,200 萬元，年增
236.12%，月增 210.45%，創下單月歷史新高紀錄。

從這件事也可以知道，醫學代理商公司的優點是能因

表3　杏昌2021年現金股利達7元
杏昌（1788）營運狀況

年度	2016	2017	2018	2019	2020	2021
EPS（元）	5.93	7.17	6.96	6.91	8.72	8.99
EPS年增率（%）	-4.40	20.90	-2.90	-0.70	26.20	3.10
盈餘分配率（%）	84.30	83.70	86.20	86.80	77.60	77.90
現金股利（元）	5.00	6.00	6.00	6.00	6.77	7.00
股票股利（元）	0	0	0	0	0	0
主要營運事業	代理國內各式醫療耗材、設備					
產業地位介紹	國內洗腎設備領導廠商					

註：1.表中年度為股利所屬年度；2.盈餘分配率為包含現金股利與股票股利的盈餘分配率；
　　3.統計時間為2016年～2021年　　資料來源：Goodinfo! 台灣股市資訊網

應需求引進產品，讓公司的營運多角化，結合原本就有的通路關係，新品變現的能力就比小廠商快上許多。

從杏昌旗下代理醫療器材來看，雖然儀器僅有一次性收益，但機器所使用的藥水、耗材及維修保養收益，也會帶動企業的營收力道持續增強。

例如公司代理的洗腎機賣出之後，後續就有穿刺針及迴路、透析液、紅血球生成素到儀器消毒液等全套耗材供應需求，這才是營收持續成長的關鍵。

通常洗腎病患體質都非常虛弱,所以相關耗材及保養用品自然不能省,光從這點來思考,就能解釋杏昌營收持續性為什麼可以這麼強了,因為人命關天的事情絕對不能省啊!

不過,坦白說,很多時候杏昌讓投資人興趣缺缺,通常要等大盤震盪或崩盤時才會想起它,原因是它的 Beta 值相當低,過去 10 年都在 0.3 以下。

另外就是杏昌的成交量周轉率超低,周轉率數值愈低代表愈沒人在買賣,但是,低周轉率在震盪市場中反而可能成為保護傘。

以低 Beta 值或低周轉率來看,反映的是杏昌超級牛皮的股性,而這種特質正是長期投資人所喜愛的。

從杏昌過去 2011 年～ 2021 年的 10 年回測數據來看(詳見圖 3),假如投資人在 2021 年一開始,就單筆投入且股利隔年初再投資,可以創造 111.5% 的報酬率,就算每年複利再投資都買在最高價,10 年也有

圖3 **持有杏昌10年，報酬率逾111.5%**

杏昌（1788）日線圖

註：統計時間為 2011.01.03 ～ 2021.12.30　　資料來源：XQ 全球贏家

98.1% 的報酬率。

　　這再次驗證低 Beta 股不是不會漲，更重要的是個股的營運成長性及市場認同度能不能持續發光發熱。

佳醫（4104）存股優劣勢

存股優勢

1. **長期通路為王**：集團擁有洗腎中心、各級醫療院所、藥局等通路，合計總客戶數近萬家；轉投資久裕為國內藥品物流業龍頭。

2. **受惠高齡化趨勢**：高齡化趨勢下，集團旗下洗腎事業及長照事業體都能持續受惠。

3. **營運基金型態**：集團多角化經營家電、長照、外科耗材、捐血用血袋等不同產業，帶來更多元的營運動能。

存股劣勢

1. **代理商須面臨被取代的風險**：集團產品多來自全球品牌，有被原廠取代的風險，所幸經營洗腎中心成為通路業者，就具有護城河。

2. **營運成本易受匯率衝擊**：佳醫旗下藥品或醫療耗材均仰賴進口，新台幣匯率變化容易衝擊獲利。

◎杏昌（1788）存股優劣勢

存股優勢

1. **跟著洗腎趨勢成長**：受惠高齡化商機，加上年年成長的洗腎人數，得以維持營運成長趨勢。

2. **長年維持低 Beta**：股性相當牛皮，盤勢震盪時容易受長期投資人青睞。

3. **獲利持續性佳**：旗下代理醫療器材雖僅有一次性收益，但機器使用的藥水、耗材及維修保養收益才是創造營收持續性的關鍵動能。

存股劣勢

1. **匯率變動風險**：杏昌代理產品來自全球，新台幣升值或貶值對毛利會產生一定的影響力。

2. **代理易被取代**：集團成為國內洗腎代理商多年，仍有可能被原廠更換甚至直接成為競爭者，增加旗下代理品牌有助降低可能的營運風險。

─────── 4-6 ───────

元大金、永豐金》
具備「業務多元性」的證券商

願意花錢買下這本書的各位，想必一定聽過這句：「投資一定有風險，基金投資有賺有賠，申購前應詳閱……。」是的，沒有任何投資一定包贏，如果我們把投資市場想成是賭場，即便你功課做得再多，技術面、籌碼面、甚至內褲線都有了，但沒有辦法保證投資一定會贏。

畢竟你沒辦法預料會不會在賭場遇上賭神高進，也沒辦法預料旭富（4119）當年只是員工在週末去加個班，卻一把火把唯一的廠房全部燒毀（註1）。

不過，在投資人坐上賭桌、開始下單買賣的那一刻，我知道有一個人一定有賺錢，而這個人就是賭場的莊家

——「證券商」。

股市成交量與市場景氣是證券商興衰關鍵

目前大家會接觸到的券商大多是綜合券商，各券商的獲利手段差距不大，頂多是比例上的差距而已。我先整理證券商的幾種獲利方式給大家參考：

1. **利息收入**：包含持有債券、銀行定存等利息收入，以及提供客戶信用交易的高額利息（券商利率通常可達6%）。

2. **股利收入**：持有公司股票，領取股利。

3. **證券經紀**：在股票市場代理客戶媒合買賣交易所產生的手續費，通常每筆酌收千分之 1.425，但目前市場

註 1：原料藥大廠旭富在 2020 年前 3 季獲利表現不俗，原本有望挑戰 1 年獲利 1 個股本，然而在 2020 年 12 月 20 日因人員操作不慎引發大火，產線全數燒毀，股價次日起連續吃下 4 根跌停板。

隨著競爭轉趨激烈，各家都推出折扣搶占市場。

4. **借券服務**：協助客戶辦理股票借出及媒合，並從中收取對應的服務費用。

5. **股票承銷**：輔導企業募資上市，當市場熱絡時，企業容易取得市場資金、上市的企業通常也較多。

6. **股務代理**：提供企業法令諮詢、股權規畫、股票發行等專業服務。

7. **發行權證**：發行未來可用特定價格買賣股票的憑證，但由於權證算是與投資人對作的一種方式，若風險控管不及則可能發生鉅額虧損，例如 2020 年 3 月，華南永昌證券就因權證交易避險不及發生 34 億元的鉅額虧損。

8. **投資買賣**：將現有資金投入市場進行投資買賣賺取價差。

我進一步幫大家整理成更好理解的圖表，用獲利的類

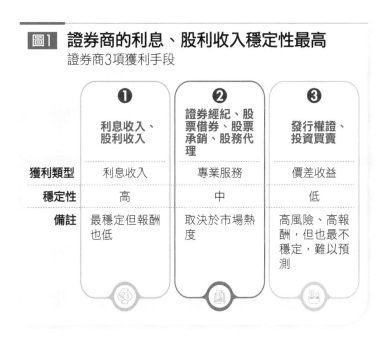

圖1 證券商的利息、股利收入穩定性最高

證券商3項獲利手段

	❶ 利息收入、股利收入	❷ 證券經紀、股票借券、股票承銷、股務代理	❸ 發行權證、投資買賣
獲利類型	利息收入	專業服務	價差收益
穩定性	高	中	低
備註	最穩定但報酬也低	取決於市場熱度	高風險、高報酬，但也最不穩定，難以預測

型及穩定性幫助大家了解。從圖 1 可以看到，證券商這 3 項獲利手段，大部分與市場熱度或大盤表現有直接的關係。

　　無論是市場熱度或大盤表現，往往也和當時的經濟環境有直接的關聯，例如 2020 年～ 2021 年這 2 年，隨著美國聯準會（Fed）無限量化寬鬆貨幣政策（QE）大

幅擴張，造就資金氾濫、許多投資人開始把錢拿到股市投資，代表市場熱度的日均成交量快速攀升、證券商的獲利，以及台股大盤統統跟著水漲船高。

2020 年，台股上市（櫃）的日均成交量衝上 2,535 億元，是 2019 年的 1.62 倍。到了 2021 年，創新高的台股吸引了更多股民投入，上市櫃日均成交量創下驚人的 4,778 億元，是年增 88% 的驚人數字。但到了 2022 年，全球資金開始緊縮，大盤指數進入熊市、日均成交量也大幅縮水，證券商的獲利就明顯出現退步。

為了讓大家更直觀地了解券商獲利的變化觀察，我直接用 1 檔證券股——群益證（6005）作為例子，直接給大家看參考 2012 年～ 2022 年上半年的盤勢、股市熱度以及獲利變化，相信大家會更有感。

群益證在 2020 年～ 2021 年股市大好之時，每股盈餘（EPS）分別繳出 1.64 元與 2.42 元，而在 2012 年～ 2019 年這 8 年間，群益證僅僅 2 次 EPS 超過 1 元。不過，當 2022 年上半年股市急轉直下，證券商除了成交

手續費下降外，自營投資部門更是虧損連連，整個上半年才累積 0.01 元 EPS（詳見圖 2）。

從前面分享的例子可以發現，證券商的獲利波動相當大，但這不代表它們的體質就不好。如果有一家公司每年都可以穩定給你利息，波動度也一般，但如果有一個指標突然持續衝上去、就有機會帶來超額報酬的話，這難道不也是一個不錯的投資機會嗎？

我在這邊提供一個思維給大家，你只要多思考一個重要因素──它有沒有「業務多元性」。簡單來説，就是看看這家公司有沒有證券以外的獲利引擎！如果一家公司本來就有穩定的業務，券商帶來的獲利平常表現較為平淡沒有關係，但是當行情來臨、交易熱烈時，它的獲利卻有可能帶給公司豐厚的報酬。

除此之外，純證券商個股最大的缺點就是其自營部門影響獲利極大，當股市下跌時容易產生 EPS 虧損，因為它們的證券市占率低，所以自營部門反而是決定成敗的原因。反觀有證券商獲利引擎的金控，盈餘有其他事業

體一起努力之外,自營部門對獲利的影響也不像純券商股票那麼大,因為金控的券商市占率夠大,可以靠客戶交易的各種手續費貢獻獲利。以下,我們就來看 2 檔與證券商有關的金控股吧!

個股1》元大金:布局全面,提高獲利穩定性

我們前面聊到把證券商當作經營賭場的莊家,那元大金(2885)肯定就是全台最大、玩法最多的賭場,而且這個賭場還超過百萬用戶的肯定呢!

攤開元大金旗下的業務,耳熟能詳的元大證券目前在經紀、融資、借券等多項證券商服務都盤據龍頭地位難以撼動;有些賭更凶的人喜歡用期貨、選擇權來以小搏大,期貨商龍頭正巧也是元大期貨,它的保證金市占率更高達 3 成!

近年各家投信看準被動投資熱烈的市場,紛紛發行各式 ETF 搶占市場。不過市面上 ETF 這麼多,你不一定每一檔都能記得,但你一定知道代表台灣大盤的元大台灣

圖2 券商獲利與市場熱度、波動呈現正相關

上市（櫃）日均量與群益證（6005）EPS變化

加權指數年線圖

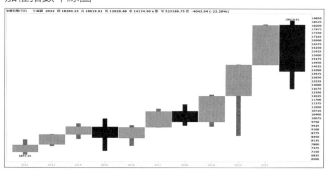

註：1. 日均量為上市（櫃）數據、統計時間為 2012 年~ 2022 年上半年；2. 加權指數年線圖統計時間為 2012.01.02 ～ 2022.11.14
資料來源：群益證法説會、Goodinfo! 台灣股市資訊網、XQ 全球贏家

50（0050），以及經典高股息的元大高股息（0056）吧？如果攤開國內投信管理的資產規模，元大投信的資產規模已經超過 8,000 億元，其中光是 ETF 的占比就逼近 8 成，而且光是 0050 和 0056 的受益人數就超過 130 萬人，總管理的資產規模更是穩居國內投信之冠。

我依稀記得在一次演講裡面，曾經問聽眾：「0050 和元大金哪一個會先倒？」該名聽眾回答：「元大金。」我又繼續問，那你知道 0050 的全名叫做元大台灣 50 嗎？如果元大金先倒了，這檔 ETF 還會在嗎？而且就算你不投資個股，元大還有外資喜歡買來避險的元大台灣 50 反 1（00632R）、低門檻即可入手債券的元大 AAA 至 A 公司債（00751B）、期元大 S&P 石油（00642U）等，各種金融商品的 ETF 它樣樣兼備。

簡單來說，只要你想賭，元大金一定能滿足你！當然，不管你賭贏還是賭輸，元大金該賺的管理費當然是一毛都不少囉。

你以為元大金就只有賭場？這你可就猜錯了，其實元

大金的營運布局相當全面。元大金過去雖然是靠著一路整併不同的證券商起家，但是整併的功夫也是有用在其他產業呢。例如元大金在 2014 年正式吃下國際紐約人壽（現為元大人壽），目前在壽險的市占率約 2.3%；在 2018 年吃下大眾銀行，分點一舉擴張超過百個等。

　　元大金這樣全面布局帶來的好處就是提高獲利的穩定性。舉例來說，2021 年元大證券在市場高點的時候對元大金獲利貢獻可以超過 6 成；到了 2022 年，元大證券同期獲利雖然大幅衰退，但元大人壽反而因為匯兌利益等因素補上獲利缺口，讓元大金獲利衰退對比其他證券同業來說又好得多（詳見表 1）。

個股2》永豐金：銀行＋證券為獲利主體

　　聊完事業體較多元的元大金，接著來看另一家表現優異的公司——永豐金（2890）。永豐金的獲利結構相對要單純一些，主要是以銀行及證券 2 個主體來賺錢。

　　永豐金證券目前市占率約 4.7%，是國內第 4 大券商

表1 元大人壽2022年前3季獲利成長98%

元大金（2885）自結損益

項目	2021年 Q1~Q3 稅後淨利 （億元）	占比 （%）	2022年 Q1~Q3 稅後淨利 （億元）	占比 （%）	獲利成長 （%）
元大證券	186.11	63	97.19	45	-48
元大銀行	69.35	23	59.82	28	-14
元大期貨	7.33	2	8.22	4	12
元大人壽	17.96	6	35.63	17	98
元大投信	14.59	5	13.10	6	-10
合計	295.34	100	213.96	100	-28

註：數值採四捨五入計算，故百分比在計算時會有些許誤差
資料來源：公開資訊觀測站

（前 3 大分別是元大證券、凱基證券、富邦證券，不包含外商），不過永豐金的複委託市占率近 1/5，是處於市場領先地位。

對比前面元大金在 2021 年、2022 年的獲利結構變化，我們同樣也看看永豐金的表現。從表 2 可以看到，永豐金證券確實在景氣的影響下，相較證券龍頭的元大證券退步幅度來說，永豐金證券的獲利衰退幅度是更大的 70%。不過有趣的是，在面對證券大幅度衰退的情況

表2 **永豐銀行獲利完全補上證券衰退的缺口**
永豐金（2890）自結損益

項目	2021年 Q1～Q3 稅後淨利（億元）	占比（％）	2022年 Q1～Q3 稅後淨利（億元）	占比（％）	獲利成長（％）
永豐銀行	90.25	71	120.77	92	34
永豐金證券	36.95	29	11.04	8	-70
合計	127.20	100	131.81	100	4

資料來源：公開資訊觀測站

下，永豐金的獲利其實仍有 4% 的成長，最大關鍵當然就是銀行完全補上證券的缺口，在動盪的 2022 年實屬不易。

以目前世界經濟的變化來說，我們常常可以看到當經濟環境惡化，各國央行就習慣以降息放水的方式增加熱錢。這種方式雖然銀行的利息收益可能變少，但這時候證券就有機會因為投資市場的資金派對，大幅增加收益來彌補銀行的缺口。反過來看，當市場重新回到升息循環、熱錢開始退去，銀行是不是同樣彌補了證券衰退的問題？

不過，我有注意到，永豐金其實在數位銀行也投注了相當大的心力。截至 2022 年上半年為止，永豐大戶 DAWHO 目前是全台第 3 大的數位銀行帳戶，擁有 124 萬 3,600 戶，緊追在第 1 名的台新 Richart 和第 2 名的國泰 KOKO 之後。

過往我一直思考，數位銀行動輒提供遠高於定存的利息成本，到底要怎麼變現的問題，而永豐金證券的大戶投，正好就是這個問題的「最佳解」。

永豐金證券的大戶投是直接和大戶 DAWHO 數位帳戶進行整合，雖然付出了較高的利息成本，但也能從交易手續費賺回來。統計至 2021 年年底，擁有大戶又順便開證券交割的比率約 16.76%。

此外，我們從圖 3 可以看到，大戶投的交割金額與交割帳戶數其實就是跟著大戶 DAWHO 的數位帳戶持續成長，相關推出來的證券豐存股（美股＋台股）扣款金額與戶數也呈現正相關，相信未來對證券的市占率將有所幫助。

圖3 **大戶投的交割金額與交割帳戶數持續成長**

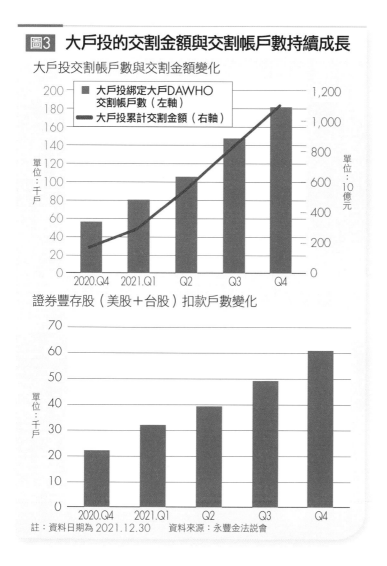

大戶投交割帳戶數與交割金額變化

■ **大戶投綁定大戶DAWHO**
交割帳戶數(左軸)

━━ **大戶投累計交割金額(右軸)**

單位:千戶

單位:10億元

2020.Q4 2021.Q1 Q2 Q3 Q4

證券豐存股(美股+台股)扣款戶數變化

單位:千戶

2020.Q4 2021.Q1 Q2 Q3 Q4

註:資料日期為 2021.12.30 資料來源:永豐金法說會

◎元大金（2885）存股優劣勢

存股優勢

1. **跟著通膨獲利**：股市趨勢長期向上，加上熱錢效應會帶動股票加速成長，也會讓集團獲利跟著受惠。

2. **產業基金型態**：集團布局證券業務非常全面，從經紀業務、融資融券、借券、基金到期權均為國內龍頭，只要有投資台股就很容易成為客戶。

3. **市場多空都能賺**：大盤上漲帶動元大證券獲利成長，另外集團轉投資元大期（6023）也能在盤勢拉回受惠，賺到放空避險的商機。

存股劣勢

1. **獲利易受股市影響**：元大金的主要收入來源跟股市景氣高度連動，當股市成交量低迷時，會馬上反映在 EPS 衰退。

2. **證券交易殺價競爭**：各大券商為了開戶數，不惜大砍手續費來競爭，元大證能否持續保持差異化，如借券便利性業界第一，是未來觀察重點。

◎永豐金（2890）存股優劣勢

存股優勢

1. **海外投資盛行**：海外股市投資熱潮，國內複委託龍頭成為最大受益者。

2. **數位銀行趨勢向上**：永豐數位銀行急起直追，並結合數位銀行通路推證券投資服務，有機會提升證券收益。

存股劣勢

1. **盈餘連動股市**：永豐證券是主要獲利來源，易受股市行情造成獲利波動。

2. **盈餘成長緩慢**：金控股由於主要市場在台灣，故獲利成長緩慢。

―――――⌒ 4-7 ⌒―――――

大成、卜蜂、聯華食》
大賺「通膨財」的食品大廠

　　通膨嚴重，萬物皆漲，哪些類股比較抗通膨？有很多
存股族說是金融股，也有人說是食品股。但究竟誰說的
才是正確的呢？很簡單，我們只要回測看看就知道了。

　　我們可以將金融股和食品股過去 20 年數據拿來回測，
看看哪一個比較抗通膨？哪一個波動率比較小？

食品股股價波動率較金融股更低

　　我們從圖 1 可以看出，過去 20 年來，金融股多次跌
破 20 月線（即 20 個月的平均），且每次跌破後都需
要花好幾個月才能站到 20 月線之上；與之相比，食品
股很少跌破 20 月線，且只有 2008 年金融海嘯時跌得

圖1 過去20年來，食品股很少跌破20月線

食品股指數月線圖

金融保險股指數月線圖

註：統計時間為 2002.07.01 ～ 2022.07.01　　資料來源：XQ 全球贏家

比較深，花了一段時間才站上去，其他幾次都是跌破 20
月線後在很短時間內就再度站上去。這也讓我們知道，
在通膨不斷攀升的情況下，和金融股比起來，食品股波
動率較小，也比較抗通膨。

既然食品股比較抗通膨，那我們就可以花一點時間來
了解食品股。從大環境來看，食品股的獲利表現跟原物
料價格息息相關。

雖然高通膨時代來臨，但許多食品公司卻可以透過調
漲產品售價來反映成本，這是一個最有定價權來紓解成
本壓力的產業，因為吃是民生必需的第一順位。

圖 1 的食品股指數其實就反映這樣的優勢，以指數位
階來看，過去 20 年，食品股從 200 多點漲到 2,000
點左右，約莫上升 9 倍，比同期金融股的指數漲幅更大。

一般來說，當農產品原物料價格高漲的時候，短期會
造成食品公司成本提高而使盈餘下降，但這也提供食品
公司調漲產品價格的理由。不過回憶一下，你有聽過漲

價過的食物，後來變便宜嗎？應該是沒有吧！這就是食品公司獲利的祕密，當成本上漲時漲價，但成本下降時反而享受了利差，因此長期來看，食品股賺的正是「通膨財」。

由於食品股的抗通膨體質極佳，是很適合長期存股之標的，因此我們可以將注意力放在相關標的上面，像是大成（1210）、卜蜂（1215）及聯華食（1231），都是食品股中的模範生。

個股1》大成：垂直整合力佳，擴大營運版圖

大成是台灣白肉雞產業龍頭廠，垂直整合上游養雞場與下游通路，在冷凍雞肉產業中「喊水會結凍」。根據我的觀察與分類，大成屬於成長型存股，主要優勢是食品垂直整合力佳，同時不斷擴大營運版圖。

大成除了養雞很厲害之外，養豬能力也不差。說起發養豬財的公司，可能很多人第一時間會想到國營企業台糖，但其實大成在國內養豬約 35 萬頭，比台糖的 33 萬

頭還多。在這和大家分享一個小故事，大家都知道，全
台知名的萬巒豬腳產地是在屏東，我剛好也是屏東人，
兒時記憶中的某個角落其實跟豬有點連結。因為我小時
候走在路上常看見載豬卡車經過，一瞬間飄來的味道我
特別愛（好像有點抖Ｍ）。

　　回到正題，觀察大成近幾年的營運狀況可以發現，
2016 年～ 2021 年間，大成除了每年都配發現金股利
之外，2017 年、2018 年、2020 年和 2021 年還配
有股票股利（股利所屬年度，詳見表 1）。

　　大成平穩的獲利實力歸功於集團具有極佳的營運垂直
整合力，幾乎整個食品產業供應鏈都有大成布局營運的
痕跡。

　　值得留意的是，2021 年受到農產原物料價格高漲的
原因，大成當年度每股盈餘（EPS）僅有 2.32 元，年衰
退約 41.9%，配息也從 2020 年的 3 元（現金股利 2.7
元、股票股利 0.3 元）縮水到 2 元（現金股利 1.5 元、
股票股利 0.5 元）。

表1 **大成2016年～2021年皆配發現金股利**

大成（1210）營運狀況

年度	2016	2017	2018	2019	2020	2021
EPS（元）	3.01	3.28	2.75	2.93	3.99	2.32
EPS年增率（%）	246.00	9.00	-16.20	6.50	36.20	-41.90
盈餘分配率（%）	49.80	82.30	72.70	75.10	75.20	86.20
現金股利（元）	1.50	2.00	1.50	2.20	2.70	1.50
股票股利（元）	0.00	0.70	0.50	0.00	0.30	0.50
主要營運事業	飼料、飼養、肉品、食品、餐廳一條龍經營					
產業地位介紹	國內飼料供應龍頭廠					

註：1.表中年度為股利所屬年度；2.盈餘分配率為包含現金股利與股票股利的盈餘分配率；3.統計時間為2016年～2021年　資料來源：Goodinfo! 台灣股市資訊網

不過前面我有提到，食品股其實是會調漲產品售價的，此點也反映在大成的營收上面。

2022年前3季，大成營收創下歷史新高，且第3季的EPS繳出年增率67.57%的成績（2022年第3季EPS 0.62元、2021第3季EPS 0.37元），擺脫衰退的陰霾。

可以預期，大成在營收持續創高的情況下，只要農產原料價格下跌，利差就會顯現出來，這是非常典型的食

品股靠通膨賺錢的範例。

此外，根據年報資料可以知道，大成 2021 年的營收占比為飼料 47.14%、大宗 19.80%、肉品 18.03%、食品 15.03%。

其中飼料事業體（包含豬料、肉土雞料、水禽料、水產料、反芻飼料、蛋種雞料和蛋品）更是居於國內龍頭地位，且其事業版圖還包含肉品加工、沙拉油，甚至麵粉、即食產品，甚至連餐廳也不放過。

大成的產業整體布局除了有機會增加規模經濟，更重要的是營運基金型態持續擴張，當企業競爭力不斷提升，護城河變深就不用太意外了。

這種布局的優點是公司就算遇到成本上升時，也只會影響獲利多寡，而不會發生虧損，因此大成 35 年來配發股利（含現金股利、股票股利）未曾間斷。

前面提到，公司營運基金型態出現規模經濟，就有機

會降低營運成本，而且更有實力擴大資本支出，大成投資 24 億元打造的大成嘉義馬稠後食品廠就是最好的例子。大成嘉義馬稠後食品廠是國內規模最大的單一食品廠，標榜加熱就能吃的調理食品，搶攻宅經濟，目前 5 條生產線已正式投產營運。

挾垂直整合優勢，預計每 2 個月就會在實體通路推出 1 款新型態商品，希望成為雞肉加工的領導品牌，預期產能會是大成台南永康廠的 3 倍。

前面說的嘉義馬稠後食品園區目前還只是第 1 期完工 8,800 坪而已，第 2 期又另外砸 8 億元購入 1 萬 5,300 坪土地，預計經營 Neo 植物肉食品廠，也就是人造肉事業，還有調理食品廠與物流中心。

此外，大成正在提前布局人造肉、寵物食品、水產這類新興市場。如果你是同產業的對手，對於這種公司的布局真的不知道該如何因應，畢竟食品公司資本額都不大，但大成的資本額高達 89 億 4,800 萬元，非常有本錢在新興食品領域插旗。

大成的事業版圖涵蓋台灣、越南、馬來西亞、緬甸、中國等地,其中又以中國及台灣為重。集團 2 個新的投資規畫分別是台灣水產飼料廠及中國轉投資的蚌埠資本支出。中國蚌埠食品廠預計在 2023 年 5 月完工,屆時有機會比中國現有產能增加 1 倍。

目前全球食品業多維持成長趨勢,大成從台灣往海外發展,營運地區基金型態有助於貢獻集團獲利。一般食品廠資本支出通常在產品供不應求才會出手,但是大成近來的投資是一次比一次鉅額,代表公司派對後市展望相當樂觀。

值得觀察的是,大成雖然提前布局東南亞等地的食品產業,不過市占率及營運狀況仍需時間發酵,例如緬甸就因為政權不穩而停損清算,導致東南亞事業出現虧損,但只要維持汰弱留強的營運策略,就有機會成為獲利的新動能。

基本上,食品股只要出現規模經濟且不發生食安問題,多數都有機會成為長壽企業。

個股2》卜蜂：一條龍經營，獲利穩健成長

基本上食品類股是最能反映通膨的產業，因為持續性與交集性強，不管消費者選擇吃什麼，食品業者幾乎都能從消費者手中賺到錢，當然，如果食品類股本身品牌夠大咖，擁有說一不二的定價權，就算通膨嚴重、物價上漲，食品類股也能靠調漲產品售價來降低物價上漲的壓力及影響。這些都是不可忽視的食品股優勢。

除了大成具備前述條件，卜蜂也是。此外，食品股還受惠於政策護航，多了一道護身符。受新冠肺炎（COVID-19）疫情升溫、俄烏戰爭持續，為對抗輸入性通膨，行政院實施大宗物資等關鍵原物料減稅措施（註1），機動調減進口黃豆、小麥、玉米3項貨物營業稅100%，有助減輕進貨成本上漲壓力。

食品股本來希望國際原物料下跌，搭配逐步調漲產品價格，用兩手策略使盈餘重新回歸成長，但政府直接減

註1：至截稿為止，關鍵原物料減稅措施實施到2022年年底。

免營業稅，對於薄利多銷的飼料業者大成跟卜蜂來說，根本是天上掉餡餅。雖然業者要配合飼料降價，但降價幅度跟稅金減免相比，當然是減稅好處多。

卜蜂的營運沒有很複雜，一開始從農畜牧事業起家，接著切入蛋種雞、生鮮屠宰事業體，近年更是全力衝刺食品加工事業。

卜蜂持續轉投資是有策略及方向性的，除了產業鏈持續延伸到下游，還架設網站供消費者購買年菜，這很明顯就是不給別人賺錢啊。

在業績持續成長的前提下，事業持續垂直整合對獲利是好事一件，就像富邦媒（8454）業績太強，乾脆自己成立車隊載貨，這樣就不用讓別人賺走運費，是一樣的意思。

卜蜂旗下主力經營肉品加工、生鮮肉品及家禽飼料等事業，從進口飼料原料到家禽飼養，並跨入肉品加工、蛋品及鮮食製作，無論有無疫情衝擊，都能持續成長。

如果觀察農委會的歷史數據會發現，進口雞肉量從 2011 年的 12 萬公噸成長至 2020 年的 28 萬 1,000 公噸，成長 1 倍以上，代表國內雞肉供不應求持續擴大，也促使進口雞肉量持續成長，這代表卜蜂的營收將持續受惠。

除了原物料進口成本比較難控制外，卜蜂的競爭利基非常明確，公司 2022 年前 3 季的累計營收也持續創下歷史新高。

從卜蜂 2016 年～ 2021 年的營運狀況來看（詳見表 2），撇除 2018 年受農產品原物料價格高漲衝擊盈餘表現之外，其餘年度皆能繳出 4.71 元以上的 EPS，公司的獲利能力非常強悍。

2021 年，雖然卜蜂的營收在當時創下新高，但因為當年農產品原料高漲的原因，導致 EPS 從前一年的 6.18 元降到 5.06 元。

不過跟大成一樣的邏輯，營收創高代表卜蜂有調漲產

品價格，之後只要原物料成本壓力開始下降，利差就出來了。數據會說話，卜蜂 2022 年第 2 季與第 3 季 EPS 年增率分別繳出 24.7% 與 19.63% 的好成績，又是一個受惠通膨的食品股最佳範例。

卜蜂統計，公司在 2020 年國內飼料市占率約 16%，白肉雞則是 17.31%，雞肉加工食品市占率達 20%。這些數據代表，國內每 5 名雞農或豬農就有 1 名是卜蜂下游，每 5 人就有 1 人購買卜蜂生鮮產品或吃到卜蜂微波食品。

公司實體通路遍及全聯、家樂福、便利商店，網路通路則是 momo、PChome 及自家網站，產品市占率極高有脈絡可循。

卜蜂近年積極資本支出，主軸是提高產量及降低生產成本，包含南投自動化雞隻電宰、加工廠，以及台南鹽水氣冷式雞隻電宰場；籌備數年、在雲林斗六的 AI（人工智慧）自動化無添加藥物飼料廠 2022 年將貢獻全年營運，有機會帶動市占由 17% 提高至 20% 以上。

表2 卜蜂2016年～2021年EPS皆逾3.5元						
卜蜂（1215）營運狀況						
年度	2016	2017	2018	2019	2020	2021
EPS（元）	4.71	5.35	3.55	5.46	6.18	5.06
EPS年增率（%）	83.30	13.60	-33.60	53.80	13.20	-18.10
盈餘分配率（%）	63.70	56.10	84.50	73.30	72.80	79.10
現金股利（元）	3.00	3.00	3.00	4.00	4.50	3.00
股票股利（元）	0.00	0.00	0.00	0.00	0.00	1.00
主要營運事業	飼料、加工肉品、雞蛋、鮮食					
產業地位介紹	國內飼料及雞肉供應領導廠					

註：1.表中年度為股利所屬年度；2.盈餘分配率為包含現金股利與股票股利的盈餘分配率；3.統計時間為2016年～2021年　　資料來源：Goodinfo! 台灣股市資訊網

　　此外，卜蜂轉投資的勝大食品3條產線在2021年第4季底投產，2022年貢獻將提升；轉投資的瑞牧食品、瑞福食品蛋雞飼養量產能也將同步提升。

　　從卜蜂這些布局要了解一件事，食品廠的擴廠不像電子擴廠不一定有訂單，通常是供不應求或為了降低成本才會建廠，所以蓋好廠之後的盈餘貢獻掌握性就相當高，可以預期對營收跟毛利率會有大大的幫助。

　　值得留意的是，畜牧業獲利的特性之一就是毛利率不

易掌握,飼料比重偏高的卜蜂也容易受衝擊。

所幸年報數據顯示,過去 10 年來卜蜂的毛利率除非遇到像 2018 年或 2021 年國際農產原料大幅上漲造成衰退,否則成長趨勢仍不斷向上,顯示企業營運競爭力仍然相當優異。

主因就是公司積極開發加工食品、生產線自動化,所以撇除單一年度農產品原料高漲的原因,其實毛利率都持續往上(詳見圖 2)。

個股3》聯華食:新廠投產成為獲利成長動能

我很喜歡追蹤食品股,主要是因為食品股的獲利不只維持穩定,還能隨著物價上漲讓獲利成長,可以說是定價權非常強的產業。

台灣外食類消費者物價指數(CPI)2022 年 9 月年增率已經來到 6.54%,由此可以看出食品股的定價權有多強勢,因為整體台灣 CPI 年增率僅 2.75%。再次驗證我

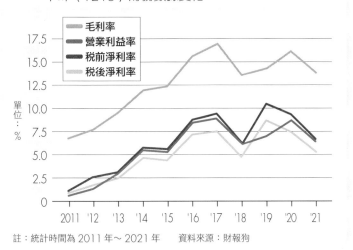

圖2 卜蜂毛利率長期成長趨勢向上

卜蜂（1215）財務數據變化

註：統計時間為 2011 年〜 2021 年　　資料來源：財報狗

説的食品股是最受惠通膨的，通膨給了它們產品漲價的
理由。

　年報顯示，聯華食 2021 年鮮食代工市占率已經來到
40%，成為業界龍頭，主要受惠於為 7-ELEVEN 代工，
合作時間超過 20 年。由於國內 7-ELEVEN 展店數愈來
愈多，加上新冠肺炎疫情提高大家到便利商店外帶鮮食

的機率，也就帶動聯華食營收持續受惠。

聯華食旗下擁有 2 間休閒食品廠及 3 間鮮食廠，但現有零食產能滿載已久，鮮食廠產能同樣處於滿載狀態。

公司預計投入超過 30 億元分別在桃園觀音與基隆建置休閒食品與鮮食廠，2 大事業體目前都積極投資擴廠以提高產能。

誠如我前面所述，食品廠一蓋下去就代表未來營收成長的底氣，比較不會有電子公司擴廠後訂單不如預期的情況發生。畢竟吃的需求就在那裡，不像科技產品日新月異會有大的產業變化。

觀察聯華食 2016 年～ 2021 年營運狀況可知，連續 6 年配發現金與股票股利（詳見表 3）。多年來都配發股票股利，代表公司正在成長，存股的複利效果驚人。

此外，儘管聯華食股本每年膨脹，從 2016 年的 15 億 3,000 萬元來到 2021 年的 20 億 2,000 萬元，但

| 表3 | **聯華食2016年～2021年皆配息且配股** |
聯華食（1231）營運狀況

年度	2016	2017	2018	2019	2020	2021
EPS（元）	3.07	2.54	3.26	3.00	3.74	4.03
EPS年增率（%）	27.40	-17.30	28.30	-8.00	24.70	7.80
盈餘分配率（%）	71.70	70.90	70.60	70.00	69.50	64.50
現金股利（元）	1.75	1.40	1.80	1.60	1.60	1.50
股票股利（元）	0.45	0.40	0.50	0.50	1.00	1.10
主要營運事業	休閒食品、鮮食代工					
產業地位介紹	國內休閒食品及鮮食代工龍頭					

註：1.表中年度為股利所屬年度；2.盈餘分配率為包含現金股利與股票股利的盈餘分配率；3.統計時間為 2016 年～ 2021 年　　資料來源：Goodinfo! 台灣股市資訊網

EPS 都沒有被稀釋，EPS 從 2016 年的 3.07 元，成長到 2021 年的 4.03 元。

　大部分人想到食品股，就直覺是台灣內需為主，成長空間有限。但如果你有到超商閒晃，常常都可以看到聯華食旗下的鮮食與零食產品，顯見聯華食的成長性其實遠比想像中還要高，畢竟超商的便當和零食都會隨著通膨一直漲價。

　由於聯華食產品原料多從國外進口，價格易受天候、

產量、政治因素、匯率等因素影響，導致毛利率不穩定。不過，看營收不一定能掌握盈餘，因為毛利率起伏無法掌握，所以聯華食的季 EPS 變化不小。

不過我認為一家公司營收有成長最重要，因此，雖然聯華食鮮食代工產品利潤較低，但只要規模夠大，也能形成經濟效益。至於盈餘高低起伏很正常，只要公司產品持續熱銷即可。

聯華食品旗下知名品牌包含可樂果、元本山、萬歲牌、卡迪那等，1 年生產超過 1,000 萬箱的休閒食品，工廠產能已滿載。

前述有提到，聯華食預計要在桃園觀音建置工業 4.0 自動化新廠，一旦新廠完工後，對營收會有相當程度的幫助。

我的觀察是，過去聯華食只要完成資本支出並開始投產，通常都能帶動集團維持多年獲利的成長動能，例如 2014 年桃園市中壢區的全台最大鮮食廠完工後，持續

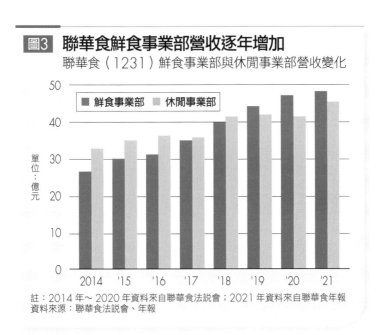

圖3　聯華食鮮食事業部營收逐年增加

聯華食（1231）鮮食事業部與休閒事業部營收變化

■ 鮮食事業部　■ 休閒事業部

單位：億元

註：2014 年～ 2020 年資料來自聯華食法説會；2021 年資料來自聯華食年報
資料來源：聯華食法説會、年報

貢獻業績至今。

　　從圖 3 可以看出，聯華食在 2014 年的鮮食事業部的營收為 26 億 3,600 萬元，到 2021 年已經成長到 47 億 9,400 萬元。歷史可以借鏡，所以在聯華食未來新廠投產後，相信又是公司下一波成長動能的起點。

◎大成（1210）存股優劣勢

存股優勢

1. **垂直整合力強**：集團營運從飼料、飼養到肉品加工、蛋品、麵粉再跨足即食產品到餐廳，一條龍維持長期競爭力。

2. **資本雄厚提前部署**：積極進軍人造肉、寵物食品及水產等新興市場，觸角更全面。

3. **營運布局基金型態**：布局擴及台灣、東協、中國，營運地區基金型態有助集團加速成長。

◎卜蜂（1215）存股優劣勢

存股優勢

1. **民生需求持續強勁**：公司旗下主力經營肉品加工、生鮮肉品及家禽飼料等事業，剛性需求持續強勁。

2. **事業體整合發揮競爭利基**：從進口飼料原料到家禽飼養，並跨入肉品加工、蛋品及鮮食製作，商品販售各大通路及自家網路平台，整合優勢提高競爭力。

3. **持續降低營運成本**：近年公司擴廠導入自動化及人工智慧系統，增加獲利底氣。

存股劣勢

◎**飼料比重仍高**：畜牧業毛利率不易掌握，飼料比重偏高的卜蜂易受原物料價格影響。

存股劣勢

1. **原物料報價影響幅度大**：集團主要獲利來自於飼料事業體，其中，黃豆成本更是影響毛利的關鍵，近年黃豆價格持續上漲就曾導致 EPS 炸裂。

2. **各國事業發展尚不成熟**：雖然提前布局東南亞食品產業，但市占率及營運仍需時間發酵。

◎聯華食（1231）存股優劣勢

存股優勢

1. **抗通膨能力極佳**：食品股獲利常年持續成長，隨物價上漲調整產品售價，定價權優勢極佳。

2. **鮮食事業成長動能維持高檔**：隨 7-ELEVEN 展店數增多而受惠。

3. **產能持續吃緊**：公司旗下零食廠及鮮食代工廠產能滿載，且市場需求強勁，2 大事業體都擴廠興建以因應未來的市場需求。

存股劣勢

1. **原物料成本變動影響獲利**：產品原料多從國外進口，而農產品價格易受天候、產量等因素影響，導致毛利率無法穩定。

2. **鮮食代工產品利潤較低**：代工鮮食利潤不高，所幸規模夠大形成經濟效益。

─── 4-8 ───

勝一、崇越、華立》
跟著吃香喝辣的台積電概念股

　　我非常建議存股族留意生活概念股，但是，除了食、衣、住、行有關的生活類標的以外，也有一些與產業發展高度連結的優質存股標的可以留意，像是勝一（1773）、崇越（5434）、華立（3010）等，下面我就來幫大家介紹一下：

個股1》勝一：提高資本支出，強化競爭力

　　先來看勝一。多數人以為勝一是一家成交量很低，只是在賣化學溶劑的公司而已，應該很容易被更厲害的廠商取代。

　　可是，如果以存股族最常看的連續配息年數來觀察，

表1 勝一2016年～2021年現金股利多逾3元
勝一（1773）營運狀況

年度	2016	2017	2018	2019	2020	2021
EPS（元）	5.23	5.86	6.20	5.90	6.52	8.08
EPS年增率（%）	28.20	12.00	5.80	-4.80	10.50	23.90
盈餘分配率（%）	76.48	78.50	80.65	71.19	70.55	68.07
現金股利（元）	4.00	4.60	5.00	2.20	3.49	3.00
股票股利（元）	0.00	0.00	0.00	2.00	1.11	2.50
主要營運事業	電子級溶劑、工業級溶劑、甲醛類黏著產品					
產業地位介紹	國內電子級溶劑重要供應商					

註：1.表中年度為股利所屬年度；2.盈餘分配率為包含現金股利與股票股利的盈餘分配率；3.統計時間為2016年～2021年　　資料來源：Goodinfo! 台灣股市資訊網

　　勝一自2009年上市以來，已經連續配息13年，且自2016年（股利所屬年度）開始，勝一配發的股利（包含現金股利和股票股利）皆高於4元（詳見表1）。如果公司護城河不深，有辦法獲利配息這麼多年嗎？當然是不行囉。

　　此外，以勝一來說，雖然公司在2019年、2020年和2021年分別配出2元、1.11元和2.5元的股票股利，導致股本持續稀釋，但它的每股盈餘（EPS）可是不斷走升，其中，2020年來到6.52元，2021年更是

創下 8.08 元的歷史新高。

為什麼勝一 2021 年的 EPS 可以創新高呢？觀察年報、法人說明會、產業新聞等相關資訊可以知道，勝一的主要商品有 2 大塊：一是電子級溶劑，二是工業級溶劑，以及少部分甲醛類產品，兩者加起來約占勝一主要營收來源的 80%。

過去的勝一是以供應工業溶劑為主，但從 2020 年開始，國內半導體業吹起全球大旋風，而勝一供應的電子級溶劑出貨量也一路成長。2022 年，勝一憑藉著供應台積電（2330）先進製程的清洗劑，電子溶劑的銷售量已經超過工業溶劑，正式宣告這家老牌化工公司的轉型。

而就勝一生產的電子級溶劑來說，主要應用在清洗設備及去除光阻劑，一旦產品消耗完後，需要清洗設備的公司就必須再找勝一購買，因此勝一的持續性獲利相當不錯。一旦半導體晶片的需求愈大，溶劑消耗速度就會愈快，那麼勝一的持續獲利動能愈來愈強，也只是正常發揮而已。

由於勝一的內銷比重約 75%，因此，只要國內半導體起飛，勝一也能跟著沾光。說到國內半導體，大家第一個想到的就是台積電。

台積電的利基在於高階製程，以往高階製程晶片主要應用在智慧型手機，如今，高效能運算（High Performance Computing，HPC）等相關運用也需要使用高階製程晶片，未來的智慧城市、自駕車、元宇宙落地等也都需要高速處理數據的運算能力，這些都使得台積電這座神山的地位難以撼動。

而台積電近年來不斷在國內外建廠擴廠，不僅赴美日設廠，更持續擴大台灣半導體設廠，打造台南科學園區成為先進製程生產據點。隨著台積電不斷擴廠、先進製程的產能不斷擴大，打進台積電供應鏈的勝一，獲利自然也跟著水漲船高。

此外，受惠於台灣化學品出口旺盛的趨勢，勝一的外銷產品同樣繳出漂亮的成績單。在內外銷表現不錯的情況下，2021 年勝一的 EPS 創 8.08 元新高紀錄並不奇

怪，因為它就站在產業趨勢向上的風口上。

　　聰明的投資人從前面敘述不難看出，勝一的獲利成長，源自於台積電供應鏈的爆發。台積電已經是全球大企業指定的晶圓代工品牌，還持續往新先進製程發展，身為供應商之一的勝一，自然也跟著吃香喝辣了。

　　勝一打進台積電供應鏈，除了挖深公司護城河，也等於有台積電為公司品質做背書；另一方面，台積電奈米製程愈來愈小，勝一溶劑品質為了追求更高品質，也必須投注更多研發經費及擴廠才能跟上腳步。

　　我們從圖 1 來看就相當明顯，勝一打進台積電供應鏈後，公司的資本支出也不斷上揚，至 2021 年已經高達 19 億 4,100 萬元，是 2020 年同期的 1 倍多。所以這就是為什麼勝一近幾年開始配發股票股利原因，因為錢拿去投入資本支出了。而隨著勝一的品質不斷提升，長遠來看，其他同業想取代勝一的難度也跟著提高了。

　　資本支出增加一定都是好事？不一定，要看產業。由

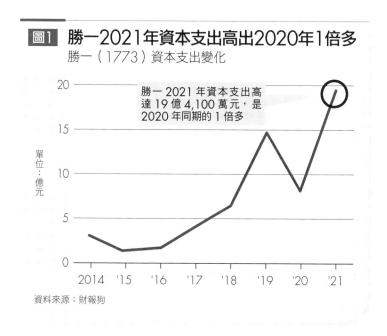

圖1 勝一2021年資本支出高出2020年1倍多
勝一（1773）資本支出變化

> 勝一 2021 年資本支出高
> 達 19 億 4,100 萬元，是
> 2020 年同期的 1 倍多

單位：億元

資料來源：財報狗

於勝一這類的化學廠，擴廠通常不會像電子廠那樣供過於求，因為化學廠通常是產能不夠了才會擴廠。而且因為產品的變化性小，廠商也不太會更換供應商，比較不會有晶圓廠擴廠之後會有需求不如預期的情形。

因此，在化學相關公司的資本支出上，我都比較抱持正面態度，但電子代工廠的擴廠就不見得一定賺得到錢。

此外，勝一成為台積電的化工供應商的指標意義之一在於「長尾性」（指能帶來長期效益），因為台積電不會輕易更換掉供應商，除非你自己品質不佳。

原因在於更換供應商如果影響品質，那真的得不償失，例如 2019 年台積電因為光阻液汙染而報廢近 10 萬片晶圓，影響營收高達 5 億 5,000 萬美元。所以化學溶劑對晶圓生產的影響可以說是非常巨大，勝一如能保持品質，那麼營收的持續性就可以跟著台積電一起成長茁壯。

不過由於化工的原物料都是石化相關品，受原物料成長波動的影響，這也使得勝一的 EPS 起伏會稍微大一點。有時原物料價格漲太快，會造成勝一盈餘減少，不過勝一也會因為原物料低價庫存而產生利差。

因此，長期來說，觀察勝一營收的絕對值大小比關心單季 EPS 重要，如果公司營收能創高，即使盈餘不太漂亮也無妨，因為原物料價格不會一直維持在高檔。

另外，有些投資人會擔心，化工廠營運有一定的危險

性，而勝一的產品又多以石油為原料加工製造，風險自然更高，萬一不幸發生意外（例如失火、爆炸等），工廠因此受損就糟糕了。

關於這一點，我認為投資人可以不用太過擔心，因為勝一共有 3 間工廠及 1 座儲運場，萬一其中一處生產基地發生公安意外，還有其他生產基地可以運作，並不會因此陷入產能大停擺。而且勝一目前正在投資興建的高雄港洲際 2 期儲運中心，預計 2023 年第 2 季啟用，屆時不僅儲運空間擴大，也可以分散單一儲運的風險。

總結來說，存股族如果想追蹤勝一，除了看主力產品電子級溶劑能否持續熱銷，也要看國內半導體的未來發展強度。而就現況看來，全球晶片需求在未來仍持續看漲，之後隨著物聯網（IoT）、電動車、5G 設備蓬勃發展，更會讓高階晶圓代工的需求有增無減。

所以，只要半導體產業需求不斷向上，以台積電為首的相關供應鏈就能持續受惠，勝一的長線營運豈有轉弱的道理，是吧？

個股2》崇越：取得代理權，跟著上游客戶賺

　　說到「台積電概念股」，除了前面提過的勝一外，化學用品相關廠商崇越也是投資人不可錯過的標的。不過與勝一藉由高資本支出來拉高品質以建立護城河不同，崇越走的是代理商路線。代理商屬於低資本支出行業，只要取得好的產品代理權，就能跟著大客戶吃香喝辣。

　　舉例來說，崇越代理日本信越化學的半導體產品（包含光阻液、矽晶圓），並於 1995 年與信越集團在台合資設廠，從事生產製造，透過這樣的合作方式可以避免被其他廠商輕易取代，在台積電相關供應商中，是典型的價值股。

　　多數人對崇越的印象是：穩定配息的老牌企業，其實這家公司代理的產品可以說包山包海，除了提供製造晶圓材料，也賣設備及相關耗材，近年更打入相關產業的廢水處理業務，因此，崇越具備半導體整合經營的能力。

　　了解崇越的商業模式後就可以知道，如果台積電需要

更多貨源，崇越就跟上游下更多單，很好賺。而且代理商是中間人，不用投資太多，我稱這種公司叫「滷肉飯店」。存股要存滷肉飯店而不是高科技股，因為滷肉飯店的萬年滷汁香又好吃，還沒有新的資本支出，而高科技股則需要不斷更新設備，持續投入新資金。日子久了，兩者投資報酬率的差異就出來了。

崇越是代理產品的通路商，優點是毛利率穩定，半導體相關產品占營收比重高，所以獲利相對穩定，這些是利基。此外，我們從圖 2 可以看出，崇越跟台積電多年來 EPS 幾乎是正相關，一起成長，但在資本支出部分卻跟台積電南轅北轍，台積電的資本支出不斷增加，而崇越的資本支出多是呈現下滑趨勢（註 1）。

我很喜歡找崇越這種「公司資本支出愈來愈低，EPS卻愈來愈高」的公司存股，因為這就好像家裡小孩念書，補習的時間和次數愈來愈少，考試分數卻愈來愈高一樣，

註 1：雖然崇越有可能花錢蓋物流中心或工廠，但是主要業務還是代理，所以資本支出愈來愈低。

不覺得 CP 值很高嗎？

　不過，代理商的潛在隱憂是可能被取代，例如台灣統一（1216）集團過去幫美國星巴克（Starbucks）在中國開疆闢土，結果 2017 年因為營運出色，而使中國星巴克直接被美國星巴克「收回」。

　崇越會不會面臨同樣的風險？答案是「有可能，但機率不大。」因為公司派早就料到這類風險，所以早在 1990 年代就積極說服日本信越集團與崇越合資，在台灣分別創立台灣信越半導體、信越光電及崇越石英等事業，讓崇越卡位代理權業務更加穩固。30 餘年來，信越產品依然由崇越代理，由此可以看出，公司卡位的經營策略相當成功。

　綜觀崇越的營運軌跡來看，集團從半導體產業相關材料、設備及代工整合服務發跡，近年則切入面板、太陽能光電及環保綠能等產業，另外也轉投資食品及健康相關產業。其中，值得注意的是光電及環境工程 2 個營運項目。

圖2 崇越EPS和台積電EPS呈正相關線

崇越（5434）EPS與資本支出變化

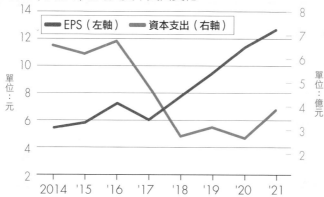

台積電（2330）EPS與資本支出變化

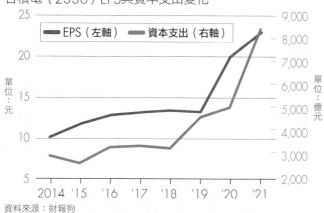

資料來源：財報狗

光電事業方面，崇越負責供應面板、LED、LCD、被動元件等設備及耗材，營運模式幾乎複製「半導體事業」，這表示只要「光電產業」的趨勢對了，崇越就有機會受惠（詳見圖3）。

環境工程方面，崇越的環境工程與廠務占整體營收超過10%，同樣因為半導體產業而受惠，例如美光（Micron）、聯電（2303）與華邦電（2344）皆有委由崇越設置的氨氮廢水處理工程，以現有半導體合作廠商做延伸開發，這是崇越的擴大經營之道。

細看崇越產品介紹可以發現，旗下代理或供應的產品多為耗材類溶劑、設備，具備我相當重視的營收持續性條件，會帶來營收堆疊效果。崇越的歷年營收能持續成長，就是因為它的營收持續性強，再加上打入中國半導體業供應鏈，因此近年來營運跟著受惠，而且持續強勁。

再以面板產業來說，友達（2409）、群創（3481）、彩晶（6116）的產品報價可能因為景氣波動而影響獲利，但崇越主要提供相關系統及設備，即使遇到景氣波

圖3 半導體占崇越營收比率逐漸攀高

崇越（5434）各事業營收占比變化

■ 半導體相關　▨ 環保工程　■ 光電相關產品
▨ 太陽能產品　■ 其他

單位：百萬元

資料來源：崇越法說會

動，也比較不會直接受到第一波衝擊。不信你仔細想想，面板產業的設備每天運轉，是不是會產生損耗及故障維修的商機？而崇越旗下產品都屬於「面板營運必要成本」，不需擔心受景氣衝擊而影響獲利。此外，中國紅色供應鏈持續擴廠，對面板廠來說是危機，對崇越來說則是出現更多代理商機。

崇越 2021 年（股利所屬年度）股利配發 8.8 元，盈

餘分配率 2016 年～ 2021 年幾乎都在 70% 左右（詳見表 2）。很多公司 EPS 很高，但需要投入大把研發費用，盈餘分配率自然不會太高。但崇越身為代理商的好處就在此，資本支出不用那麼高，賺到錢就能大方分給股東。

此外，當 EPS 成長時，自然有機會堆高股價，而 EPS 提升也能讓公司配出更高的股息，就這一點來說，崇越可以說是非常標準的定存成長股。數字會說話，崇越的 EPS 在 2017 年才 5.98 元，到 2021 年已經來到 12.63 元，成長 111%；股利配發也從 2017 年的 4.2 元來到 2021 年的 8.8 元。

所以像崇越這種股價溫吞的低波動股（過去 10 年之 Beta 值為 0.77）不代表不會成長，反而是價值投資人不買貴的機會。而且對於長期投資者而言，了解產業背景的優點就是能藉此找到長期配息的好公司，崇越自掛牌以來已經連續 23 年配發股利不間斷，複利的力量相當驚人。

半導體族群近年引起市場派高度青睞，高本益比讓很

表2　崇越2021年現金股利達8.8元

崇越（5434）營運狀況

年度	2016	2017	2018	2019	2020	2021
EPS（元）	7.25	5.98	7.73	9.48	11.38	12.63
EPS年增率（%）	23.10	-17.50	29.30	22.60	20.00	11.00
盈餘分配率（%）	68.97	70.23	68.56	68.57	70.30	69.68
現金股利（元）	5.00	4.20	5.30	6.50	8.00	8.80
股票股利（元）	0	0	0	0	0	0
主要營運事業	代理半導體、LCD、LED等相關耗材、設備					
產業地位介紹	台積電重要合作廠商					

註：1.表中年度為股利所屬年度；2.盈餘分配率為包含現金股利與股票股利的盈餘分配率；3.統計時間為2016年～2021年　　資料來源：Goodinfo!台灣股市資訊網

多價值投資者卻步，反觀崇越評價顯得溫吞，觀察過去10年的本益比落點區間，大約在8倍～12倍之間游走。但長期來看由於崇越EPS持續成長，就算長期本益比估值很少被市場提高，股東們還是可以享有股利、價差兩頭賺的喜悅。

個股3》華立：一站式購足服務，強化黏著度

　　像這樣的代理商公司還有華立，但華立的產業與崇越不同。華立喜歡追逐不同產業，現在市場上夯什麼就代

理什麼，掛牌 22 年來配發股利沒有斷過，也是狠角色。

　為什麼大家買華立代理的產品？因為它提供「一站購足」服務，不少客戶只需要少量材料，但採購量少上游根本不會理你，而華立會出面團購，處理相關問題，客戶不用跟供應商談業務，華立負責談就好。

　台灣政府曾經宣布發展「2.5 級產業」，甚至投入國發基金。2.5 級產業指的是介於製造業（第二級）及服務業（第三級）之間，華立就是 2.5 級產業相關族群，集團從上游材料進口、倉儲系統、進口報關到全方位物流都有涉獵，提供一站式購足，客戶黏著度更高。

　這種服務將產業所有客戶一網打盡，上游供應商可以委託華立進入市場拓展通路，下游製造商可使用華立代理的最新製程技術及設備，這些顧問式附加價值更成為集團長年獲利的關鍵之一。

　根據財報資料顯示，華立客戶近 6,000 家，代理 600多個品項，其中有 90 個品項營收都超過新台幣 1 億元，

代表公司不只產品線廣，品項營收不錯，而且代理做得好。從這一點就可以看出華立的營運基金型態，它的營收多元性就和基金一樣，能夠大幅分散風險。如果你對電子產業有興趣，但覺得直接投資電子產業太刺激，又不想錯過電子股產值成長的話，華立是可以參考的標的。

華立經營主力包含高機能工程塑料、印刷電路板（PCB）上游、半導體前段製程耗材、面板等，早年布局電腦及電器外觀的塑料供應，近年跨足面板、光學元件、電子連接器、伺服器、醫療包材到電動車包材等應用，產品跟上趨勢才是華立維持不敗地位的關鍵。其中，PCB、半導體產業及顯示器等事業體早在 1990 年之前就已布局發展，數 10 年來維持龍頭地位，規模經濟及產業地位加深營運護城河。

從年報資訊可知，華立前 3 大營收來源為電子資通訊產業（33%）、平面顯示器產業（30%）、半導體產業（20%）等景氣循環產業，但每年營收卻能維持不斷成長的營運動能，幾乎不受景氣週期的衝擊，原因在於華立主要提供產業營運所需材料、耗材及設備，甚至提供

解決方案，扮演「賣子彈」而不加入戰爭的「產業中立國」，只要產業趨勢向上，華立就能跟著受惠。

華立這種基金型態的營運模式還有一個優勢，就是單一產業蕭條不會跟著景氣共存亡，只要不同產業持續爆發，就能維持整體的獲利動能。不過，雖然說華立提供子彈而不參戰，但也不是全然沒有風險。華立營運產品主要來自進口，70% 以上銷售來自海外，主要交易貨幣為美元及日圓，營運易受匯損及通膨衝擊。以 2020 年為例，華立外匯兌換損失新台幣 3,111 萬元。

要知道代理商的毛利率本來就不高，新台幣升值對以外銷為主的華立來說，不是好事。所幸代理商特性就是交易週期較短，能立刻因應成本而調整售價，從公司營收持續成長就能看出定價權的優勢。華立財報可以看到近 2 年的存貨周轉天數都不到 1 個月，表示即使產品漲價，仍可維持相當快的銷售速度，轉嫁匯率損失及通膨的反映時間也會比較短。

此外，代理商被原廠取代或抽單的風險一直存在，華

立同樣面臨到這樣的風險，不過投資人也不用太過擔心，因為華立持續代理及經銷新產品以維持產業地位。華立的主要合作廠商相當多元且關係穩固，例如日本知名半導體材料關鍵供應商 JSR 從 2007 年起就與華立合作代理光阻液產品至今。

加上集團近年開始也積極切入太陽光電模組、儲能系統、電動車充電樁產業，持續布局新興產業，維持競爭優勢，經營既有市場，同時不斷開發新市場。

值得一提的是，華立數 10 年來以穩健經營著稱，投資策略非常保守，但 2022 年年初突然決定興建南部物流中心，在台南市佳里區砸 12 億元獵地，公司派說主要是為了光電及半導體客戶發展，並計畫在 2025 年興建完畢，共規畫 7 座材料貨物品倉庫、辦公室、機房等，規模比桃園倉庫更大。

根據我的觀察，華立此舉主要是想鞏固通路商的產業地位，如果華立物流中心著眼於成為國內最大半導體及光電材料物流業者，代表公司不只想做台積電生意，也

想擴大光電事業體。

目前華立光電材料主要提供 LED 製程、面板、光纖等廠商使用，近年也打入中國光學大廠供應鏈。一般來說，公司只要開始興建物流中心，就代表公司派對營運展望非常樂觀，投產後也能反映在未來幾年的營運表現，畢竟如果產品滯銷的話，公司怎麼可能願意花大錢亂蓋物流中心養蚊子？

華立一直以來都是以耗材及材料代理為主，這也是集團無論景氣好壞都能穩健獲利的主因，因此營收具有優異的堆疊性及持續性。所以華立能夠連續配發現金股利年數高達 22 年不曾間斷，其實就是分散風險的經營模式帶來的好結果。

從表 3 可看出，華立 2016 年～ 2021 年營運狀況幾乎呈現跳躍式成長，且盈餘分配率非常穩定，在 55% 左右。這樣的好處是當投資人看到當年度財報時，就可開始估計股利，並藉由「預估股利 ÷ 當前股價 ×100%」所算出的殖利率判斷，究竟是該加碼還是減碼。

表3 **華立2021年EPS年增率達50.1%**

華立（3010）營運狀況

年度	2016	2017	2018	2019	2020	2021
EPS（元）	4.52	6.09	5.82	6.12	8.03	12.05
EPS年增率（%）	-7.40	34.70	-4.40	5.20	31.20	50.10
盈餘分配率（%）	57.52	54.19	54.98	53.92	57.29	56.43
現金股利（元）	2.60	3.30	3.20	3.30	4.40	6.80
股票股利（元）	0.00	0.00	0.00	0.00	0.20	0.00
主要營運事業	各產業材料代理及經銷					
產業地位介紹	國內半導體前段製程耗材龍頭供應商					

註：1.表中年度為股利所屬年度；2.盈餘分配率為包含現金股利與股票股利的盈餘分配率；
3.統計時間為2016年～2021年　　資料來源：Goodinfo! 台灣股市資訊網

細數華立國內客戶群，包含台積電、聯電、鴻海（2317）、華碩（2357）、台達電（2308）等知名電子大廠，多是數10年以上的合作夥伴；國外客戶遍及中國、歐洲、日本等地。

而且近年來，華立已提前卡位汽車、電動車、綠能、人工智慧（AI）、資料中心、物聯網等事業體，這表示只要台廠未來與全球合作愈來愈緊密，華立就有機會持續賺到世界財。

◎勝一（1773）存股優劣勢

存股優勢

1. **產業趨勢向上**：半導體產業近年持續向上，主力產品帶動營運面維持高成長。

2. **獲利模式具持續性**：公司產品均為消耗品，持續貢獻營收。

3. **產品高門檻**：客戶對產品的品質要求愈來愈高，公司必須研發更高品質的溶劑，形成愈來愈深的產業護城河。

◎崇越（5434）存股優劣勢

存股優勢

1. **與日本原廠合資**：公司代理日本信越化學半導體產品數 10 年，並與信越集團在台合資設廠，避免被其他廠商取代。

2. **獲利基金型態**：集團從半導體產業相關材料、設備及代工整合服務發跡，近年切入面板、太陽能光電等產業，拓展基金型態營運模式。

3. **營收持續性佳**：旗下代理或生產產品多為耗材類溶劑及設備，並打入台灣、中國的半導體業供應鏈。

存股劣勢

1. **半導體營收比重過高**：約有 8 成營收在半導體相關事業，產業景氣反轉時可能造成營運衝擊。

2. **本益比評價偏低**：崇越評價顯得溫吞，容易被市場忽略，但也是不買貴的機會。

存股劣勢

1. **獲利易受石化原料影響**：工業級溶劑主要原料為石油及天然氣，石化原料報價轉強時會連帶衝擊獲利。

2. **營運高風險**：化工廠營運有一定程度的危險性，需特別注意工安意外等風險。

◎華立（3010）存股優劣勢

存股優勢

1. **代理龍頭地位穩固**：主力經營產業多占有龍頭地位，規模經濟加深營運護城河。

2. **營運布局基金型態**：代理產品超過600個品項，客戶近6,000家，營運不易受景氣衝擊而轉弱。

3. **客戶一站式購足**：從上游材料進口、倉儲系統、進口報關到全方位物流，客戶黏著度高。

存股劣勢

1. **匯損衝擊大**：主要向國外進口及出口產品，營運易受匯損及通膨影響。

2. **代理商有被取代的風險**：代理商雖然不需要投入研發成本，卻可能面臨海外原廠介入市場的風險。

—————— 4-9 ——————

中租-KY、裕融、和潤企業》
租賃股是「最好賺的金融業」

如果有人問我:「選股的第一關鍵是什麼?」我會回答:
「掌握性。」人生所有的選擇不正是如此嗎?

買車時,我們不會買最貴的;買房時,也不會硬著頭
皮買最好的,我們會選擇最適合的,因為「適合」就代
表有所掌握。

我們掌握了每月能分期付款的金流上限,掌握最好的
決策選項,存股也應該如此。

有些人存「科技股」或「電子股」,卻忽略自己對這
些產業是否充分了解,長期投資選擇不熟悉的產業,遇
到危機時難免會提心吊膽而無從應對。

租賃業具備3項特質

那什麼股票是容易掌握的？我認為是類金融股中的租
賃股。除了因為生活中，租賃公司無所不在（註1）以外，
也因為租賃業具有「每月自結每股盈餘（EPS）」、「合
約保護營收」及「產業追蹤很容易」3項特質。

特質1》每月自結EPS

細數台灣3大租賃業者（租賃三雄），除了和潤企業
（6592）之外，中租-KY（5871）和裕融（9941）
每月會公布自結EPS。而公司每月自結EPS的好處在於，
每個月都能看到公司的獲利數字，不用等季報公布就能
知道公司獲利狀況。

如果股價大跌，但已經透過自結EPS知道公司獲利表
現好，投資人當然比較放心，也能避開因為營收好進場，

註1：例如Yahoo! 奇摩拍賣無卡分期就是中租-KY集團旗下
　　　仲信資融所提供，還有之前我到花蓮旅遊是選擇裕融集
　　　團的重要子公司——格上租車等。

後來季 EPS 不如預期而慘遭套牢的風險。進階的做法還可以利用租賃業自結 EPS 特性，提早掌握全年度 EPS 以評估本益比，而不是用過去的財報試算股價合理性。

特質2》合約保護營收

如果投資過科技類股或景氣循環股，可能常碰到這種狀況：這個月公司營收年增 100%，下個月卻因為突然被客戶砍單，使得營收年減 50%，但奇妙的是，這種情況卻很少發生在租賃業身上。

為什麼？因為租賃業有合約保護，且合約動輒以「年」為單位計算，這可以讓公司營收具有規律性，不容易大起大落。

好比我之前買了一輛賓士，也是跟租賃公司簽約車貸，假設今天遇到新冠肺炎（COVID-19）疫情，我能不繳車貸嗎？當然不能，所以以租賃放款為主的裕融，在 2003 年 SARS、2008 年金融海嘯，甚至 2018 年、2019 年中美貿易戰期間，它的 EPS 都能保持穩定，就是因為合約制保護營收。

特質3》產業追蹤很容易

由於租賃業者的貸款代表未來營收，所以租賃產業對投資人來說，很容易追蹤。一般來說，多數人買車貸款，不會在 1 年內還清貸款，加上未來買電動車的人愈來愈多，而電動車的車價又會比一般柴油車更高，使得買車一族的貸款期限可能更長。如果車價變貴、貸款年限拉長，租賃業者收取的利息會變多，當然就能賺更多！

既然租賃股是「最好賺的金融業」，接下來我們就以「租賃三雄」：中租-KY（5871）、裕融（9941）、和潤企業（6592）為例，看看它們各自的優勢在哪裡，為什麼值得存股。

個股1》中租-KY：業務多元，風控能力佳

租賃公司的營運模式就是透過發債或向銀行等金主籌資，再透過自身優異的風險評估與控管能力放款，或是代為買賣設備等。

對租賃公司來說，提高獲利的手段不外就是降低資金

成本、拉高放款利率、減少呆帳等手段。

中租 -KY 成立於 2009 年年底，之後於 2011 年年底上市，提供融資或租賃服務，主要客群為中小企業，近年陸續跨足汽機車、機工具、不動產、飛機船舶、太陽能電廠等事業，多年穩居國內租賃龍頭地位。

中租 -KY 是元大台灣 50（0050）指數的成分股，所以它與裕融、和潤企業的差異在於它是外資持股比重最高的，比重超過 70%。

就獲利狀況來看，中租 -KY 的獲利比重集中在 3 個市場：台灣、中國、東協，其中，「應收帳款淨額」最多的是台灣，在 2022 年第 2 季為 51%，中國約 34%，東協 14%。但以歸屬母公司獲利來看，台灣占 48%、中國占 46%、東協占 6%。

無論是應收帳款淨額或歸屬母公司獲利，東協的占比都是最低的，這裡就不討論了。而就台灣與中國而言，雖然中國的應收帳款淨額較台灣低 17 個百分點，但歸

屬母公司獲利卻與台灣相近，只差 2 個百分點，由此可知租賃業在中國是利潤比較好的。正因為在中國高毛利又能兼顧呆帳率穩定的基礎，中租 -KY 在 2018 年～2022 年的 EPS 都超過 1 個股本（10 元），而且 1 年比 1 年高。

不說你可能不知道，其實中租 -KY 的營收業務非常繁雜。中國人離不開風水命相，這是老祖宗的智慧。紫微斗數中每個人都有財帛宮，從中可以看出來進財的方式，命盤聚不聚財等跟「錢」有關的「生命密碼」。我的財富宮有一顆星叫做貪狼星，多才多藝，什麼錢都要賺。我認為中租 -KY 就屬於超級「貪狼」這種，因為它什麼錢都賺。

以近幾年熱門的太陽能來說，許多人講到太陽能就會想到財報常常虧損的太陽能類股，但實際上，中租 -KY 也是台灣最大的太陽能電廠公司。

中租 -KY 已經在太陽能光電領域耕耘了 12 年，旗下擁有的太陽能電廠占全台太陽能發電的 10%，是全台最大

的太陽能售電業者。有趣的是，中租-KY除了自己蓋電廠賣電給台電，也開放案場讓民眾認購，左手收錢、右手賺錢，真的是很猛。

根據法說會資料顯示，2022年第2季，中租-KY的太陽能淨資產已達414億元，年增率24%（詳見圖1）。且根據媒體報導，截至2022年8月，中租-KY在台灣擁有2,973座電廠，累積裝置容量超過1,000MW（百萬瓦）。

除了發展太陽能之外，中租-KY還會賣油票給司機，司機可以憑票到加油站加油。如果司機1年加油100萬元，加油站只有100萬元業績，不會提供更好的優惠，但是中租-KY大手一揮，一次就跟加油站談幾千萬元的業績額度，假設談到5%優惠，就把3%回饋給司機，其餘2%中租-KY賺進口袋，所以說，中租-KY真是一家非常會賺利差的公司。

有次我看到一個專題報導，提到中租-KY的業務員出門一趟可以賺3次錢：1.工廠放款；2.租賃機器設備；

圖1 中租-KY太陽能淨資產達414億元

中租-KY（5871）太陽能淨資產變化

資料來源：中租-KY 法說會

3. 工廠屋頂太陽能板發電。

　　而且中租-KY 的每個業務員都有保險執照，造訪工廠時可能會順便問要不要買勞工保險，以防工安意外發生。中租-KY 甚至還有銷售基金的平台——中租投顧（前身是先鋒基金平台），可以說是什麼都有、什麼都租，什麼都不奇怪。

　　長遠來看，除了「服務多元性」可以讓中租-KY 走得更遠，「特許經營」也是中租-KY 的護城河。例如 2005 年，中租-KY 取得中國首張外資租賃特許經營執照，可以跨省分經營。

　　在 2022 年第 2 季，中租-KY 在中國、東南亞與台灣三地的合併營收，年增率都是雙位數，分別是 14%、21% 和 24%，而且備抵呆帳持續降低，從 2021 年 6 月 30 日的 2.4% 降至 2022 年 6 月 30 日的 2.1%。

　　簡單來說，備抵呆帳就是公司粗估可能放款出去而收不回來的金額，所以這個指標如果愈來愈低，代表公司放款品質優化，可以降低呆帳造成的盈餘減少。

　　雖然中租-KY 在營收上面得到豐厚的成長，不過它依舊馬不停蹄，跨足多元產業的腳步隨著時代演進符合市場需求。比方沒有薪資所得的家庭主婦或學生族群通常很難申辦信用卡上網購物，所以中租-KY 在 2018 年推出「零卡分期」（註 2，目前已更名為「zingala 銀角零卡」），雖然客戶以小額消費居多，但高頻低消的融資

利息及手續費累積也會帶來龐大利潤。

　2020 年，新冠肺炎疫情加速電商高速成長，zingala 銀角零卡跟 momo 購物網、Yahoo 奇摩購物中心、東森購物網都有合作，中租 -KY 也就笑納市場趨勢帶來的甜美獲利了。目前這項服務的會員已經超過百萬人，中租 -KY 又成為台灣非信用卡的先買後付龍頭，再次見證這家公司什麼錢都可以賺。

　2020 年 3 月台灣中央銀行降息後，租賃三雄除了和潤企業以外，毛利率都因為利差擴大而提升，因為租賃業者跟銀行取得資金的成本變低，其中毛利率最高的莫過於中租 -KY（詳見圖 2）。雖然 2022 年升息後，租賃三雄的毛利率略有下降，但由於 3 家公司的營收年增率都維持在雙位數以上，因此盈餘成長依舊亮眼。

　前面提到，中租 -KY 有 3 大市場，台灣、中國和東協，

註 2：零卡分期為中租控股子公司仲信資融的分期行動支付品牌，辦理免信用卡之分期付款、行動支付服務。

且這 3 大市場在 2022 年第 3 季營收分別年增 27%、15%、32%，所以中租 -KY 在 2022 年前 3 季的營收再次創下歷史新高。根據中租 -KY 年報顯示，2020 年中國租賃業滲透率 9.4%，台灣約 11%，先進國家美國高達 22%，英國 28.4%，東協則剛開始。

因為世界工廠轉移，未來的東南亞就是以前的中國。從長遠的投資角度來看，中租 -KY 的長尾行情應該是租賃三雄中最持久的。

過去幾年，中租 -KY 的主力經營在中國，2018 年的中美貿易戰也讓集團蒙受呆帳疑慮，但事後證明衝擊不大。2020 年新冠肺炎疫情在中國嚴重爆發，造成很多企業面臨倒閉風險，中租 -KY 當年的 EPS 還是成長，代表呆帳控制的延滯率及備抵呆帳保持優秀的水準，證明中租 -KY 的放款品質相當優秀。

觀察中租 -KY 集團上市後的獲利動能，的確愈來愈強，雖然近年配股持續增加，導致膨脹速度愈來愈快，但 EPS 仍可保持年年成長，原因就在於業務多元，加上風

圖2 **中租-KY在租賃三雄中毛利率最高**

租賃三雄毛利率走勢

- 中租-KY（5871）
- 裕融（9941）
- 和潤企業（6592）

單位：%

註：1. 和潤企業 2018 年 10 月興櫃、2019 年 12 月上市；2. 統計時間為
2014.Q1 ～ 2022.Q2　　資料來源：財報狗

險控制能力佳（詳見表1）。

　　最後在估值部分，由於租賃業每月都會自結 EPS，具
有容易估值的特性，所以本益比區間市場會有一定的定
價。投資人可以藉由公司過去 5 年的本益比區間和覆蓋
率來判斷進場時機，在買進前判斷應該是要先觀望還是
可以布局，避免買貴。

由於中租 -KY 的外資持股比率約 70%，且它的 Beta 值是 1.32，股價波動本身就較大。加上它過去 5 年的本益比區間覆蓋率僅有 44.4%，代表只有 4 成左右的機率本益比會落在 8 倍～ 12 倍之間（註 3），股價高低價差極大，如果衝動一次全梭哈可能會套在山頂上吹風，因此中租 -KY 適合採用定期定額的方式。

個股2》裕融：中古車市場霸主

前面我們聊完租賃股王中租 -KY，接下來我們就來聊聊租賃二哥、連續配息超過 20 年的裕融。

相較於中租 -KY 的客戶及產業的多元性，裕融和後面跟大家細談的和潤企業則是台灣租賃產業另一個典型——車商系租賃公司。這類的租賃公司往往都有深厚的車商背景，例如裕融的最大股東就是母公司裕隆（2201）、

註 3：資料統計至 2022 年 10 月底，由於外資持股比率、Beta 值和本益比區間及覆蓋率都會隨著時間更動，建議投資人以進場當下查詢到的資料為準。

表1 **中租-KY EPS與股利配發金額逐年攀升**

中租-KY（5871）營運狀況

年度	2016	2017	2018	2019	2020	2021
EPS（元）	6.36	8.29	10.37	11.65	12.20	14.80
EPS年增率（%）	5.60	30.30	25.10	12.30	4.70	21.30
盈餘分配率（%）	53.46	48.25	43.39	42.92	45.08	43.92
現金股利（元）	3.40	3.80	4.20	4.60	5.00	6.00
股票股利（元）	0.00	0.20	0.30	0.40	0.50	0.50
主要營運事業	租賃、分期付款、應收帳款受讓及直接融資					
產業地位介紹	國內租賃業務龍頭					

註：1.表中年度為股利所屬年度；2.盈餘分配率為包含現金股利與股票股利的盈餘分配率；3.統計時間為2016年～2021年　　資料來源：Goodinfo! 台灣股市資訊網

和潤企業的最大股東也是母公司和泰車（2207）。車商系租賃公司的業務特色就是核心為汽車融資，客戶來源多為購車的客戶，再慢慢地延伸到其他的設備租賃等。

目前裕融旗下一共包含融資、出行、用車及能源共4大事業體（詳見圖3）：

①**融資事業**：融資是裕融最主要的獲利來源，從一般市井小民買新車或中古車，或是公司行號採購商用車（例如營建業的貨車、怪手、水泥車，又或是旅遊業的保母

325

車、遊覽車這類），甚至是現在動輒就要 10 萬元的機車，都是裕融相關企業能夠租賃分期付款服務的業務範圍。

②**出行事業**：出行部分，就是大家耳熟能詳的格上租車。無論是出遊定點短租，或是企業長租、租駕駛，甚至是最新的共享汽車服務統統都有。

③**用車事業**：「行遍天下」這個網站或雜誌相信不少開車的人都知道，提供你買車之後各種服務需求，例如汽車零組件銷售、道路救援、汽車維修，一路到最後想賣掉的中古車交易媒合一應俱全。另外，行將企業是經營 SAA 車輛競拍中心，算是中古車的大盤商，所以裕融不僅在放款中古車，自己也在賣，根本是垂直整合。

④**能源事業**：裕融旗下的裕電能源是國內最早發展充電樁的公司之一，目前全台已經布建超過 2,000 根充電樁、站點也超過 600 個，是全台灣充電樁站點最多的廠商。雖然目前裕電能源真正賺錢的關鍵是太陽能電廠、還不是靠充電服務賺到錢，但裕電能源已經憑藉著豐富的建站及營運經驗，陸續拿下台灣保時捷、Volvo（富豪）

圖3 裕融業務內容含括融資、出行、用車、能源
裕融（9941）4大事業體

	相關公司	服務項目
融資事業	裕融、新鑫、裕富	乘用車（新車／中古車） 商用車（貨車／客車） 機車（重機／一般） 設備（機械／營建） 融資（貸款／周轉） 商品（分期／保險）
能源事業	裕電能源、YES！來電	充電服務 充電建設 電廠建置 雲端管理
用車事業	行遍天下、行將企業	中古車交易（拍賣／查定／認證／車商聯盟） 中古車保修（保養／維修／美容／保修聯盟） 車輛周邊（油化品／售服零件／配件） 客服行銷（道路救援／代位服務／市調／電銷）
出行事業	格上租車、格上Go Smart	汽車租賃（租賃／租購） 共享服務（自駕／共享） 接送服務（附駕／網約） 多元計程車

資料來源：2021年裕融企業永續報告書

等豪車品牌的電動車充電合作機會。

而現在除了特斯拉（Tesla）以外，各大車廠包含自己集團的裕隆都陸續推出自己的電動車，全球環保趨勢也都朝此一方向推進。未來電動車滿街跑的情況下，一旦充電服務開始收費，裕電能源確實最有機會受惠。

大家仔細想想，裕融這 4 大事業體，從車主買車、中間保養、轉手賣車，以及未來電動車相關服務統統都有，消費者能在裕融這裡一次搞定所有買車及之後的相關需求，裕融正好就是一個完整汽車主題的 ETF。

了解裕融事業體布局後，我們也從裕融的獲利來源觀察公司營運的成長關鍵。目前裕融最主要的獲利來源還是台灣的汽車市場，長年占據裕融資產餘額的一半，所以台灣的車市和裕融的獲利息息相關。

根據交通部公路總局、年報和法說會的統計資料來看，2017 年～ 2021 年，台灣每年大約有 43 萬～ 45 萬輛左右的新車掛牌，不過由裕融所承作的汽車分期付款

市占率倒是節節敗退，從 2017 年的 16.4% 一路退步到 2021 年的 10.41%。

有趣的事情來了，雖然裕融在新車市場節節敗退，但它這幾年的業績卻依舊年年成長，為什麼？最主要的關鍵就是台灣的中古車市場。

同樣來看 2017 年～ 2021 年的數據，這 5 年間，台灣中古車的過戶數從 65 萬 6,600 輛一路成長到 79 萬 4,800 輛，與新車掛牌數相比，可說是成長非常快速。再加上裕融恰巧就是中古車分期付款市場的霸主，市占率到 2021 年的時候，已經由原先的 8.84% 成長到 12.47%（詳見圖 4）。

從前面敘述可以看出，裕融雖然在比較小的新車市場持續退步，但在比較大，而且又是自己業務主力的中古車市場卻持續成長（中古車在裕融的汽車資產餘額中占比高達 8 成），也難怪裕融的業績能夠持續進步。

影響裕融獲利的關鍵，除了中古車市場之外，我認為，

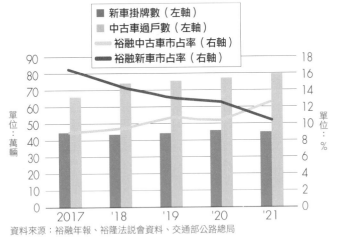

圖4 裕融中古車市占率成長至12.47%

台灣與裕融（9941）新車與中古車相關數據變化

- ■ 新車掛牌數（左軸）
- ■ 中古車過戶數（左軸）
- 裕融中古車市占率（右軸）
- 裕融新車市占率（右軸）

單位：萬輛

單位：%

2017 '18 '19 '20 '21

資料來源：裕融年報、裕隆法說會資料、交通部公路總局

另一個成長關鍵在於中國市場有轉型成功的現象。根據我過去長期追蹤的觀察，裕融在中國市場常常碰一鼻子灰，呆帳的問題始終長期困擾裕融，不過這件事情已經出現轉機。

我們從裕融 2022 年第 2 季的法説資料可以看到，裕融正持續減少中國的汽車金融資產餘額，同一時期卻

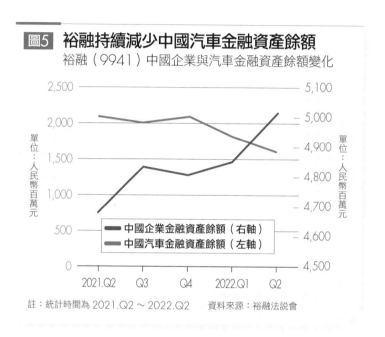

圖5 裕融持續減少中國汽車金融資產餘額

裕融（9941）中國企業與汽車金融資產餘額變化

註：統計時間為 2021.Q2 ～ 2022.Q2　　　資料來源：裕融法說會

看到企業金融資產餘額持續增加（詳見圖 5）。主要因為裕融在中國的汽車金融市場開始轉以二手汽車為主之後，同一時間開始轉以機械設備、醫療設備的融資租賃業務為主，風險控管的策略也轉趨擇優承作的政策。

　　就以 2020 年和 2021 年的營業利益做比較，裕融這種聚焦在優勢領域的做法，將營業利益從虧損人民幣 1

億 5,000 萬元翻正到人民幣 2 億元，顯然裕融的中國市場正努力重回正軌，未來也是值得觀察的重點市場。

　　未來裕融的觀察除了台灣的中古車市、中國事業轉型成果以外，未來的營運成長或許可以多觀察電動車及東南亞市場。

　　以電動車的市場布局而言，除了前面提到裕電能源潛在的全面充電收費商業機會，最直接的應該就是電動車市場的融資業務機會。

　　裕隆集團自己不僅代理如 Nissan Leaf 的車款，裕隆在加入鴻海（2317）MIH 電動車開放平台之後，在 2022 年 10 月終於正式推出納智捷（LUXGEN）N7，而且短短 2 天內就收到 1 萬 5,000 輛的訂單、還開啟第二波預購，賣得非常好！這些車是不是又有機會變成裕融的業績呢？

　　至於東南亞市場，裕融在 2018 年年底正式進軍菲律賓（主要以汽車金融為主），在經歷 3 年的調整之後，

我發現 2022 年上半年的財報數據已經開始轉虧為盈。如果我們參考中租 -KY 在東協市場的成長速度，假以時日，菲律賓或許將成為裕融新的成長引擎。

在追蹤裕融的營運上，除了每個月乖乖等它公布自結的獲利數字以外，裕融每季也會公布下一季的財測數字。而我長時間觀察下來，裕融除非遭遇意外的業外虧損（例如新安東京海上產險的防疫險地雷），絕大多數的結果是都能達成財測目標。

能準確地預估財測，其實和租賃產業的合約特性有關，畢竟合約在身，短期暴增或是暴跌的機率也比較小，對於未來幾個月的營收要預測就比較容易。

既然裕融會公布財測且達成率又高，是不是又更能掌握公司的最新營運狀況了？由於公司會每月公布 EPS，因容易估值故本益比不易被市場拉高炒作，因此公司的本益比在過去 5 年，大部分落在 12 倍～ 16 倍的區間。

最後，對存股族來說，裕融上市以來已經連續 22 年

都順利配發利息,且近 4 年更配出不少股票股利,盈餘分配率也都在 55% 以上(詳見表 2)。但最令我感到佩服的是,裕融這些年的獲利,統統都有跟上股本的膨脹。

只不過要提醒的是裕融的 Beta 值並不低,截至 2022 年 11 月中旬為止,過去 3 年的數值為 0.94。因此如果真的要存這種 Beta 值特性的公司,定期定額會是比較好的策略,避免單次買在相對高點的風險。

個股3》和潤企業:背後有「富爸爸」撐腰

租賃三雄除了中租 -KY、裕融之外,還有和潤企業(以下簡稱和潤)。我的歸類中,和潤也是屬於成長型存股,隨著產業趨勢向上,獲利可望持續受惠。

提到和潤這家汽車融資龍頭,大家可能比較沒感覺,但如果提到公司獲利主要來自「富爸爸」和泰車,大家應該比較不會懷疑它的產業地位。

截至 2021 年止,和泰車已經連續 20 年拿下國內

| 表2 | 裕融2018年～2021年皆配息也配股 |

裕融（9941）營運狀況

年度	2016	2017	2018	2019	2020	2021
EPS（元）	6.41	8.46	9.27	9.12	8.85	12.96
EPS年增率（%）	19.60	32.00	9.60	-1.60	-3.00	46.40
盈餘分配率（%）	75.04	69.74	70.12	60.31	70.06	55.56
現金股利（元）	4.81	5.90	5.50	4.50	4.70	5.50
股票股利（元）	0.00	0.00	1.00	1.00	1.50	1.70
主要營運事業	中古車貸款、商用與機車放款					
產業地位介紹	商用車與機車分期市占第一					

註：1. 表中年度為股利所屬年度；2. 盈餘分配率為包含現金股利與股票股利的盈餘分配率；
3. 統計時間為 2016 年～ 2021 年　　資料來源：Goodinfo! 台灣股市資訊網

車市龍頭地位，2021 年全年台灣新車掛牌數達 44 萬
9,859 輛，和泰車旗下的 Toyota（豐田）及 Lexus（凌
志）以 31.9% 市占率成為品牌冠軍。和泰車銷售業績這
麼狂，轉投資的汽車融資事業體和潤當然跟著吃香喝辣。

　　一般人可能會認為，和潤只有汽車分期服務，如果車
市轉弱，就會連帶影響營運。實際上，和潤旗下事業體
還有短租 iRent 及長租等事業體，近年版圖也橫跨中國。
營運發展上同屬「基金型態企業體」，同樣具有合約長
期保護、營收具有堆疊性的優勢。當然更重要的是，和

潤還有富爸爸撐腰，贏在起跑點。

　　買車分期動輒 3 年、5 年，基本上這種放款產生的呆帳機率不會這麼高。退一萬步說，萬一借款人無力償還借款，這些車就會轉作抵押擔保或變現，因此，放款公司不會血本無歸。

　　認真說起來，和潤汽車抵押放款的風險比與銀行以信貸或公司名義放款相比，呆帳風險程度相對較低，就算遇到市場未知的黑天鵝攪局，只要客戶還款保持正常，公司不一定會受到嚴重衝擊。

　　既然租賃獲利以長約為主，那麼營收其實很好預測。租賃業即使短期業績沒有成長，通常也不容易導致獲利衰退，原因在於每月固定放款收益還是會持續進帳。只要持續出現新承作放款，每個月營收就會愈來愈多，產生堆疊性，那麼營收維持年增也就更容易了。

　　不過，大家一直很質疑，為什麼國內租賃雙雄中租-KY與裕融已經這麼強，和潤營運還有其利基點？答案很簡

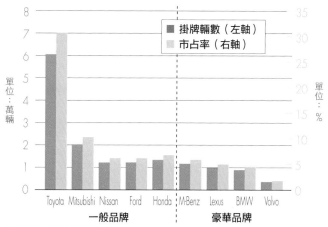

圖6 Toyota及Lexus市占率合計達35.7%

各汽車品牌2022年上半年掛牌輛數及市占率

資料來源：和潤企業法說會

單，因為和潤就是日本豐田及台灣和泰車共同轉投資的金雞母，只要Toyota和Lexus這2大汽車品牌還是台灣人的最愛，和潤的營收與獲利就不用愁（詳見圖6）。

雖然有富爸爸撐腰，租賃業也是長期趨勢看好的產業，但是作為存股標的，和潤還是有幾個小瑕疵的，比方說它的獲利成長動能與車市高度連動，只要車市震盪或度

小月,營收容易受影響。

　　和潤合併放款承作一直都是以車輛為主(2022 年上半年 65% 承作金額),所以車市景氣容易影響公司放款的成長性。所幸和潤在台灣的承作金額有近一半來自穩定的中古車市場,另外 24% 來自新車,新車部分有豐田品牌撐腰,在台灣幾乎沒有對手。

　　其次,租賃產業嚴格說起來也是金融產業的一環,藉由融資放款賺取價差,但只要是金融放款就有呆帳的隱憂,因此,如果以金融族群角度看和潤,低本益比屬於市場共識。

　　對於存股族來說,如果想要存到股價會大漲的股票,低本益比可能是缺點,但對於想存便宜標的的存股族來說,低本益比這可能是優點。

　　再從本益比河流觀察,和潤上市以來的本益比區間落在 12 倍～ 16 倍,但本益比河流緩緩向上,代表公司獲利其實有慢慢上升。反過來思考,如果市場對租賃股的

表3 **和潤企業2021年現金股利達4.2元**

和潤企業（6592）營運狀況

年度	2018	2019	2020	2021
EPS（元）	4.70	5.81	5.01	6.10
EPS年增率（%）	N/A	23.60	-13.80	21.80
盈餘分配率（%）	70.21	53.36	69.86	68.85
現金股利（元）	3.30	3.10	3.50	4.20
股票股利（元）	0	0	0	0
主要營運事業	新車、中古車、設備等放款業務			
產業地位介紹	汽車金融放款龍頭			

註：1.N/A表示無資料；2.表中年度為股利所屬年度；3.盈餘分配率為包含現金股利與股票股利的盈餘分配率；4.和潤企業於2018年10月興櫃、2019年上市；5.統計時間為2018年～2021年　資料來源：Goodinfo! 台灣股市資訊網

評價普遍較低，不就代表和潤本益比不容易過熱嗎？

此外，和潤 2018 年才興櫃、2019 年上市，以長期投資選股邏輯及標準來看，必須保守一點。

不過，從近年公司 EPS 來觀察，確實維持成長步伐，2018 年至 2021 年現金股利也都有 3 元以上、殖利率 4% 以上的水準。2021 年配發現金股利 4.2 元，EPS 6.1 元，盈餘分配率 68.85%（詳見表 3）。

Toyota 在台灣是國民級的「神車」，市占率高不說，粉絲還不少。以我來說，屏東老家就有一輛超過 10 年狀況還是超好的 RAV4，身邊也認識不少 Toyota 粉絲。

再來，出門搭計程車，大概 8 成以上的機率會搭上 Toyota 或 Lexus。其實，計程車司機這麼愛神車也是很有道理，畢竟計程車業最重要的成本就是維修跟油錢，和泰車旗下無論是哪款汽車，在妥善率及油耗的表現上都相當不錯。

所以，和潤最厲害的護城河並不是業務本身，而是受惠和泰車在國內長期累積的龍頭地位，這才是真正的隱形護城河。

當然，和潤也有轉投資 Hoyun International Limited、和運國際租賃有限公司、和運（上海）商業保理有限公司，旗下的和雲（iRent）共享汽機車 24 小時自助租車服務已轉盈，2021 年營收年增 31%。

也許有人會問，在升息循環的大環境下，升息對於租

賃業來說影響是好還是壞？答案是短期一定會影響獲利。例如客戶向和潤申請車貸，方案是 3 年固定利率，2020 年至 2021 年處於降息階段時，和潤的資金成本下降，可以賺更多客戶付的利差；反之，升息時利差就會減少。

不過，這部分我持中性看法，原因有 3 個：1. 新放貸的利率會跟著調整，可以轉嫁資金成本；2. 租賃業營收都維持雙位數以上，成長性足以降低銀行利率提高衍生的問題；3. 租賃公司早就做好預防，例如發行公司債借新還舊。

以和潤來說，早就預期 2022 年台灣會升息，因此向銀行借了 30 億元，利率只有 0.57%，長期控制資金成本。現在升息了，放貸給客戶收更高的利率，不僅不受影響，利差還賺更多。所以，升息對租賃相關類股來說，算是「已知的風險」，業者多半早已做好兩手準備。

和潤自上市以來，毛利率基本上穩定維持在 65% 左右，且其營收成長性非常強，甚至超車中租 -KY（詳見圖

7）。2022 年上半年，和潤的營收、淨利、EPS、保有資產甚至同步刷新同期紀錄。

股市不是只有基本面，還有籌碼面，目前為止，租賃三雄籌碼最穩定的就是和潤。所謂肥水不落外人田，和潤的董監持股高達 62%，光從這樣的股權結構就知道會跟著母公司和泰車與日本豐田吃香喝辣。

同時這也代表籌碼相對穩定，股價不容易暴起暴落。和潤在租賃三雄中的 Beta 值是最低的，在抗跌性部分理論上是最好，因為籌碼非常集中讓股價波動度低。

亞馬遜（Amazon）創辦人傑夫‧貝佐斯（Jeff Bezos）曾說：「未來 10 年，有什麼不會改變？」意思就是說，如果有 10 年都不會改變的事物，就會形成趨勢，值得投資。Toyota 在 20 年前成為國內車市龍頭，目前為止市占率依然不斷成長。

至於下一個 10 年，和泰車還會不會這麼強？誰也說不準。或許等我兒子 18 歲的時候，我們搭乘的計程車

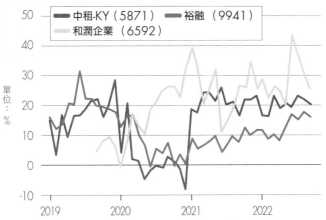

圖7 和潤企業單月營收年增率超越中租-KY

租賃三雄單月營收年增率變化

中租-KY（5871）　裕融（9941）
和潤企業（6592）

單位：%

註：1.和潤企業2019年8月前無相關資料；2.統計時間為2019.01～2022.09　資料來源：財報狗

已經變成無人車了，但那輛無人車依然還是 Toyota 也不一定，至於車貸，應該還是和潤放款吧。

◎中租 -KY（5871）存股優劣勢

存股優勢

1. **營運地區基金型態**：營運遍及台灣、中國、東協，主要獲利來源為台灣及中國。

2. **風險控管能力極佳**：主力經營在中國，但備抵呆帳率逐漸降低。

3. **上市以來 EPS 年年成長**：集團上市後獲利動能愈來愈強，雖近年配股持續增加導致膨脹速度愈來愈快，但 EPS 仍可保持年年成長。

◎裕融（9941）存股優劣勢

存股優勢

1. **租賃基金型態**：營運版圖包含新車分期付款、中古車貸款、設備租賃及租賃服務。

2. **營運漸入佳境**：過去因為中國事業體呆帳常拖累整體獲利，近年轉型優化，獲利動能變強。

3. **自結加上財測**：公司每月自結 EPS，更推出財測報告，讓投資人更容易追蹤獲利狀態。

存股劣勢

1. **本益比評價偏低**：市場賦予租賃業本益比通常較低，即便 EPS 穩定成長也不一定受市場追捧，但好處是不容易有過熱風險。

2. **Beta 值偏高**：存股族通常希望投資的股票能穩定，但裕融的 Beta 值偏高，股性比較活潑，大盤震盪時容易出現高度連動。

存股劣勢

1. **股價波動大**：外資持股高，股價波動大。

2. **配息率偏低**：長期投資的存股族通常會要求高股息，但中租 -KY
正處於高度擴張階段，配息率不會太高。

◎和潤企業（6592）存股優劣勢

存股優勢

1. **合約長期保護**：買車分期動輒 3 年、5 年，即使面臨未知的黑天鵝，
也不一定因此受到太嚴重的衝擊。

2. **租賃具有營收堆疊性**：租賃獲利以長約為主，只要能持續獲利，
營收就有機會持續年增。

3. **背後有富爸爸撐腰**：日本豐田及台灣和泰車共同轉投資，持股超
過 60%，跟著富爸爸吃香喝辣。

存股劣勢

1. **獲利成長動能與車市高度連動**：車市具有景氣循環性，車市反轉
可能導致營運成長力道放緩。

2. **市場評價租賃股普遍較低**：租賃產業屬於金融產業的一種，通常
本益比不會太高。

3. **上市時間較短**：公司 2019 年上市，長期成長力道及後續配息能
力有待時間驗證。

阿格力20檔存股觀察名單

索引章節	存股標的（股號）	存股特性	產業定位	存股重點
1-1	宏 全（9939）	穩定成長	飲料包材龍頭	東南亞成長
2-1	關 貿（6183）	穩定成長	最大股東為財政部	政府資源支持
2-4	統 一（1216）	穩定龍頭	食品龍頭	基金型態經營
4-1	聯 華（1229）	景氣循環	工業氣體霸主	聯華氣體成長
4-2	崇 友（4506）	穩定成長	電梯品牌前3大	保養持續獲利
4-3	櫻 花（9911）	穩定成長	廚衛電冠軍	國內第1品牌
4-4	大 樹（6469）	快速成長	連鎖藥局第1	快速展店期
4-5	佳 醫（4104）	穩定成長	洗腎通路龍頭	長照事業已布局
4-5	杏 昌（1788）	穩定成長	最大洗腎機代理商	洗腎人口增加
4-6	元大金（2885）	穩定成長	證券商龍頭	股市在它就在
4-6	永豐金（2890）	穩定成長	複委託龍頭	獲利連動股市
4-7	大 成（1210）	原料成本循環	本土肉品冠軍	食品比重增加
4-7	卜 蜂（1215）	原料成本循環	雞肉加工市占2成	新廠陸續投產
4-7	聯華食（1231）	穩定成長	鮮食代工龍頭	產能供不應求
4-8	勝 一（1773）	快速成長	台積電化學供應鏈	電子溶劑成長其
4-8	崇 越（5434）	快速成長	台積電耗材供應鏈	盈餘分配率高
4-8	華 立（3010）	穩定成長	供應各電子領域耗材	營運具高度彈性
4-9	中租-KY（5871）	快速成長	台灣租賃龍頭	成長力持續性高
4-9	裕 融（9941）	快速成長	商用車與機車分期龍頭	交通工具的ETF
4-9	和潤企業（6592）	快速成長	汽車金融冠軍	富爸爸是和泰

註：1. 資料統計至2022.11.18；2.Beta值為過去1年的數據，此指標每天變動，此表僅供參考；
故改用掛牌至今平均殖利率計算；5.連續配發股利年數包含興櫃、上櫃與上市時期

Beta值	2022年營收表現	10年平均殖利率（%）	連續股利年數（年，含股票股利）
0.46	歷史新高	4.63	26
0.37	歷史新高	4.12	24
0.22	歷史新高	4.02	39
0.65	歷史新高	6.45	39
0.26	歷史新高	5.02	30
0.32	歷史新高	5.69	15
0.96	歷史新高	2.82	9
0.38	歷史新高	5.27	24
0.30	歷史新高	5.28	19
0.67	歷史第5高	4.94	15
0.62	歷史新高	7.24	13
0.41	歷史新高	5.73	35
0.25	歷史新高	5.63	16
0.59	歷史新高	4.87	30
1.16	歷史新高	5.40	20
0.83	歷史新高	6.13	25
0.81	歷史新高	5.92	25
1.33	歷史新高	3.97	12
0.94	歷史新高	5.28	26
0.83	歷史新高	3.99	6

3.2022 年營收因截稿時間，為前 10 月之數據；4. 近 10 年股利殖利率中，大樹與和潤掛牌未滿 10 年，資料來源：阿格力 - 價值成長股 App、Goodinfo! 台灣股市資訊網

國家圖書館出版品預行編目資料

阿格力教你這樣存股就對了!: 獨家自組ETF,提早達
成財富自由/阿格力著. -- 一版. -- 臺北市 : Smart智
富文化, 城邦文化事業股份有限公司, 2022.12
　　面 ;　　公分
ISBN 978-626-96345-7-6(平裝)

1.CST: 股票投資 2.CST: 投資技術 3.CST: 投資分析

563.53　　　　　　　　　　　　　　111018382

Smart 智富
阿格力教你這樣存股就對了！

作者	阿格力
企畫	周明欣

商周集團	
執行長	郭奕伶
總經理	朱紀中

Smart 智富	
社長	林正峰
總編輯	劉 萍
總監	楊巧鈴
編輯	邱慧真、施茵曼、林禺盈、陳婕妤、陳婉庭、黃嫈琪、蔣明倫、劉鈺雯
採訪編輯	蔣榮玉
協力編輯	曾品睿
資深主任設計	張麗珍
封面設計	廖洲文
版面構成	林美玲、廖彥嘉

出版	Smart 智富
地址	104 台北市中山區民生東路二段 141 號 4 樓
網站	smart.businessweekly.com.tw
客戶服務專線	(02) 2510-8888
客戶服務傳真	(02) 2503-5868
發行	英屬蓋曼群島商家庭傳媒股份有限公司城邦分公司

製版印刷	科樂印刷事業股份有限公司
初版一刷	2022 年 12 月
初版四刷	2023 年 2 月
ISBN	978-626-96345-7-6

定價 360 元